リベラルアーツ言語学双書 1

シリーズエディター　岸本秀樹

じっとしていない語彙

JN121744

西山國雄

まえがき

　本書は言語学の予備知識がない読者を対象に、語彙の仕組みと、それを解明する魅力についてまとめたものです。語彙（あるいは単語、ボキャブラリー）と聞いてまず思い浮かべるのは、辞書に載っているものでしょう。あるいは英語の学習の際、ひたすら暗記するもの、というイメージもあるかもしれません。これらはいずれもリストになっていて、1つ1つが孤立しており、また相互の関係も不明です。言わば固定しているわけですが、本書の目的は、語彙は実は固定していない、ということをお話しすることです。

　タイトルの「じっとしていない」は、固定していない、ということを比喩的に表現したもので、2つの意味があります。1つは変幻自在ということです。語彙は変わり身が早く、変装したり、変身したり、合体したり、年をとって変化することもあります。この特徴を1、2章で見ます。「じっとしていない」のもう1つの意味は、単独で生起するのではなく、社交的だということです。語彙は1つの独立国家のようなものなのですが、隣国である音や文と積極的な外交を行う、社交的な存在です。これを3、4章で見ます。本書で扱う言語は主に日本語ですが、ところどころで英語の例も出します。そして最後の5章では、日本語と英語の語彙の規則を体系的に比較します。

読む順序としては、最初の 1 章から順に 2 章、3 章と読み進めてください。本書は 5 つの章を通じて 1 つの流れになっています。1 章で言語学の考え方を解説し、1、2 章で語彙の変幻自在な特徴を見て、語彙の基本的な仕組みを解説します。これを基に、3 章で語と音、4 章で語と文の間の交流をそれぞれ見ます。そして 4 章までの話の流れを広げて、5 章で日本語と英語の語彙を比較します。

　読むにあたって、日本語のローマ字書きや中学程度の英文法に馴染みがあった方が読みやすいです。必要のないところではローマ字は使っていないので、たとえローマ字がわからなくてもその部分は理解できると思います。英語には基本的に日本語の意味をつけましたが、基本的な単語や、意味に関係のない発音が話題になっている時は、省略しているところもあります。専門用語は最小限に抑えてありますが、主語と目的語、動詞と形容詞、母音と子音などの用語を使う部分もあります。用語はその都度説明しますが、幾つかの用語を用いて現象を理解し、それがどう規則に従っているか、という話の流れは、慣れが必要だと思います。1 章で言語学の発想を詳細に説明してありますので、ここで慣れていただければと思います。

　内容としては著者が茨城大学で行った授業と、著者の論文や著書の内容を基にできています。そこでコメントをいただいた学生の皆さんや査読者、研究仲間に感謝申し上げます。また本書の刊行にあたり、査読では岸本秀樹さん、編集では谷岡萌香さん、平沼優奈さんにお世話になりました。岩田和さんや妻にも有意義なコメントをいただきました。科学研究

費（19K00542）の補助も受けました。

　扱っている個々の事例は既に発表されているものですが、あえて言えばその配置に新しい見解が含まれています。例えば5章では日本語と英語のいくつかの語彙の規則を比較します。それらの例はそれぞれの言語の研究ではよく話題になりますが、それを合わせて1つの視点から見た論考はそう多くないでしょう。

　執筆当初は、誰でも気軽に、ごろりと横になって読める本を目指しましたが、ほどなく諦めました。言語学ではじっくり考えることが必要だからです。言語学の魅力の1つは規則の発見にあります。無秩序に見える言語現象が、1つのシンプルな法則によって説明されること、一見すると無関係に見える2つのことが、同じ規則にしたがっていること、などです。これはりんごが落ちることや、星や惑星の複雑な動きが、1つの万有引力の法則で説明されることと同じです。この言語学の発想は、自然科学と同じ理系なのです。そこには抽象化と複眼的視点が必要となります。はじめての人にも、このことがわかりやすい説明になるよう、配慮したつもりですが、これがうまくいったかは、読者の皆さんの判断を仰ぐことになります。

　言語学という学問は、発想は理系的ですが、その対象は人間そのものです。言語を話すのは人間だけであるため、言語の解明はすなわち人間の解明を意味します。自然科学は、生物一般や地球・宇宙のことで我々に様々な「へー、そうなんだ」ということを教えてくれます。同様に言語学は、我々が話す母語の仕組みを通じて、人間とは何かを教えてくれま

す。本書の語彙の話を通じて、皆さんと言語学の楽しさと面白さを共有できたら幸いです。

2021 年 8 月

筆　者

目　次

まえがき ……………………………………………………………………… iii

| 1 章 | **語彙の小さな変化：屈折** …………………………… 1 |

　1　はじめに（1）
　2　活用形と語根（3）
　3　否定形と丁寧形の母音の有無（19）
　4　基本形と仮定形の子音の有無（26）
　5　現代語と古語（37）

| 2 章 | **派生、複合、意味変化** …………………………… 47 |

　1　はじめに（47）
　2　語彙の変身：派生（48）
　3　語彙の合体：複合（59）
　4　語彙の加齢：意味変化（72）

| 3 章 | **語彙と音の交流** …………………………………… 84 |

　1　はじめに（84）
　2　2拍の法則（87）
　3　アクセント（93）
　4　連濁（106）
　5　過去形（114）

4章 **語彙と文の交流** ················· 130

  1 はじめに（130）
  2 自動詞と他動詞の交替（132）
  3 使役（138）
  4 複合動詞（149）

5章 **日本語と他言語（英語）の比較** ··········· 161

  1 はじめに（161）
  2 括弧不一致（162）
  3 ずうずうしい隣人とつつましい隣人（173）
  4 動詞由来複合語（184）
  5 こそあど言葉（191）

引用文献、参照した文献、おすすめの文献 ················· 198

1 章　語彙の小さな変化：屈折

❦ 1　はじめに

　始まりのこの 1 章と次の 2 章では、語彙は変幻自在であることを見ていきます。語彙の変化には小さな変化と大きな変化があります。小さな変化では見かけは変わりますが、本質は変わりません。反対に大きな変化では、見かけだけでなく実態が変わります。毛虫にたとえると、脱皮して色や大きさが変わっても、もじょもじょした毛虫のままなら小さな変化です。しかしさなぎや成虫になったら、もう毛虫ではなく、これは大きな変化です。語彙の場合はどのように変化するでしょうか。ここでは動詞の「読む」を用いて考えます。これは否定にすると「読まない」になり、丁寧に言うと「読みます」になります。これは小さな変化です。なぜかと言えば、「読まない」も「読みます」も、品詞は「読む」と同じ動詞だからです。これに対し、「読む」が「読み方」に変わったらどうでしょう。ここでは「〜する方法」を意味する「方（かた）」がついていますが、全体で別の語になっています。これは大きな変化です。「別の語」と言った理由は、「読み方」は名詞であり、元の動詞の「読む」と比べて品詞が変わっているからです。

　なお、本書で用いる「動詞、形容詞、名詞」という品詞

1

は、学校で習った用法と大差はありません。「書く、食べる」など、基本形（あるいは現在形、終止形）がウ段で終わるのが動詞、「高い」のように基本形が「い」で終わるのが形容詞、それ以外で、主にものの名前を表すものが名詞です。

　語彙の変化が大きいか小さいかは、典型的には品詞が変わっているかどうかで区別できます。この基準をあてはめる上でわかりやすい見分け方の 1 つとして、文を作り、そこで変化したものに置き換えるという方法があります。「読む」は目的語を取り、例えば「太郎が本を読む」という文ができます。ここで「読む」の部分を「読まない」、「読みます」、「読み方」で置き換えると、以下のようになります。

（1）a.　太郎が本を読む。
　　　b.　太郎が本を読まない。
　　　c.　太郎が本を読みます。
　　　d.　*太郎が本を読み方

「読まない」と「読みます」は、「読む」の部分と置き換えても文法的ですが、「読み方」では非文法的です。（* は非文法的、つまりこのようには言えないことを示します。）これが意味することは、「読まない」と「読みます」は、「読む」が小さく変化したものなのに対し、「読み方」は「読む」から大きく変化したということです。この小さな語彙の変化を**屈折**と呼び、大きな変化を**派生**と呼びます。本章では屈折を扱い、派生は 2 章で見ていきます。

　最初に屈折を考えるのは、これを通じて、言語学的な思考

法というものが明らかになるからです。言語学の分野は細かく分かれていて、語彙の分析に関する分野を**形態論**といいます。言語学といえば、何となく言語を研究する学問だろうということはわかると思いますが、具体的にどう考えていくか、という点については、イメージがわかないでしょう。何事でも、新しいことを目の前にした時、それまで知っていることを土台にして、それに積み上げたり、それとの違いに気づくことで、理解が深まります。上で見た、屈折という小さな語彙の変化は、学校では「活用」と呼ばれていますが、本章では学校で習った文法（これを「学校文法」と呼びます）と言語学の分析を比べます。これにより、言語学とはどのように考え、何を目指すかがわかり、続く章を理解する上で助けになります。学校文法が苦手だった人も心配する必要はありません。ここで取り上げるのはごく基本的な部分です。そして次第に、苦手だった理由が、言語学との比較により明らかになります。（あなたのせいではないのです！）

🌱 2　活用形と語根

　学校で習った日本語の動詞の屈折のパターンは、大きく分けて五段活用と一段活用の 2 種類があり、それぞれいくつかの活用形に変化します。

（2）

	五段活用	一段活用
否定形	書か—ない	見—ない
丁寧形	書き—ます	見—ます
基本形	書く	見る
条件形	書け—ば	見れ—ば

辞書に載っている、「書く」のような形を基本形と呼びます。それを否定する「書かない」は否定形、丁寧な意味を表す「書きます」は丁寧形と呼びます。また条件を意味する「書けば」は条件形と呼びます。「−」のハイフン記号は、ここで語が分割されることを意味します。五段活用の動詞の、左の部分に注目すると、「書か、書き、書く、書け」とア段、イ段、ウ段、エ段の四段で変化します。これに「書こ−う」という形も含めると、五段で変化するので、五段活用と呼ばれます。また「書か、書き、書く、書け」はそれぞれ、未然形、連用形、終止形、仮定形と呼ばれます。他にも連体形というものがありますが、終止形と形が同じなのでここでは触れません。（後で話題になります。）これらの形を合わせて、**活用形**と呼びます。厳密には「書」の部分を語幹といい、活用形は「か、き、く、け」の部分だけですが、本章では便宜上、「書か、書き、書く、書け」の部分を活用形とみなします。

　一方一段活用では、活用形が「見、見、見る、見れ」と、イ段１つで固定しているので、この名前がつきました。一段活用には２種類あって、イはアイウエオでは上の方なので、上一段活用と呼びます。一方「寝る」の活用形は「寝、寝、寝る、寝れ」と下の方のエ段で固定しているので、下一段活用と呼びます。本章では上一段と下一段の区別は重要ではないので、以下ではまとめて「一段活用」と呼びます。

　以上が学校文法の動詞屈折の基本ですが、これは言語学的に考えると、ツッコミどころ満載です。まず言語学は何を目指すかお話ししましょう。学校文法は国語学（日本語学）と

いう学問分野の考えが基になっています。国語学と言語学では何が違うのでしょうか。名前からわかる通り、国語学は国語、つまり日本語を研究対象にしますが、言語学は言語、つまり日本語に限定されない、人間が話す言語一般を対象にします。もちろん、人間の言語を考える時、必ず「○○語」というものが対象になります。そして日本語が対象になることも当然あります。しかし言語学で日本語を考える時は、日本語はあくまでも手段であり、目的は別のところにあります。言語学の目的とは、日本語などの分析を通じて、人間言語の一般的特徴を解明することです。一方国語学では、日本語の解明が目的そのものです。

　再び生物をたとえにして考えましょう。（本書ではたとえ話をよく使います。）生物学という学問は、呼吸をする、遺伝子を持つ、といった地球上の生物の一般的特徴について扱いますが、実際に研究の対象とするのは、カエル、ミツバチ、人間、朝顔といった多種多様の具体的な生物です。そして例えばカエルなどは種類が多く、「カエル学」という分野があるかもしれません。カエルの解明のために研究している人をカエル学者というなら、カエルを基にして生物一般のことを考えている人は生物学者と呼ぶ方がふさわしいでしょう。同じように、同じ日本語を扱う研究でも、その目的により日本語学の研究になるか、言語学の研究になるかで、考え方は変わってきます。

　ちなみに、生物の「呼吸をする、遺伝子を持つ」に相当するような、全ての言語に共通して見られる特徴にはどんなものがあるでしょうか。これには見えるものと見えないものの

２種類があります。生物の特徴でも、呼吸をするところは見えますが、遺伝子になると顕微鏡を使わない限り、見えません。同じことが言語でも言えます。例えば「動詞がある」などの、言語の普遍的特徴は、比較的わかりやすく、見えるものと言えます。これに対し、「主語がある」というのはどうでしょうか。主語とは、「太郎が本を読む」というような文の中で、「が」がつく「太郎が」の部分のことを指しますが、これについては意見が分かれます。１つには主語は全ての言語にあるという考えがあります。でも日本語は、「もう食べた？」のように主語がないことが多いじゃないか、と言う人がいるでしょう。ここでは文脈により誰が主語かわかるのですが、これは見えない主語があり、これが正しく解釈されるためだ、言うこともできます。そうすると、日本語でも常に主語があるということになり、「主語がある」ということが言語の普遍的特徴となります。これは語彙の問題ではなく、文の問題となり、本書の趣旨からはずれるので、これ以上は触れませんが、興味のある人は文についての研究分野（統語論と言います）の入門書を参照してください。生物学と言語学は、他にも系統発達や個体発達の概念で相通じる部分があるなど、親密性があり、興味深いところです。

　では言語学の観点から、学校文法の動詞屈折の分析を考えてみます。まず根本的な問題として、なぜ五段活用と一段活用の２種類があるのでしょうか。詳しく言うと、五段活用では「書か、書き、書く、書け、書こ」はア段、イ段、ウ段、エ段、オ段と変化するのに、なぜ一段活用では「見、見、見る、見れ」と常にイ段だけなのでしょうか。更なる疑

問として、「見る、見れ」ではなぜ「る、れ」という余分な
ものが出てくるのでしょうか。

　先に言語学が目指すものとして、一般言語の特徴をあげま
したが、上の疑問は、言語学の思考法のもう1つの特徴を
例示しています。つまり、常に「なぜ」を問う、ということ
です。そもそもなぜ活用形があるのでしょうか。英語には未
然形や連用形はありませんね。このことはどう考えればいい
のでしょうか。単に日本語と英語は違う、というだけでは面
白くありません。2つのものが違う時、言語学を含めた科学
的思考では、次のステップとして2種類の進み方があります
す。第一に本当に2つは違うのか、と探求をすることです。
第二に、違うということは認め、ではなぜ違うのか、と探求
をすることです。ここでは前者の、本当に日本語と英語は、
活用形の有無で違うのか、ということを考えます。

　そのための道具として、「細分化」という考えをここで説
明します。上で言語学の思考法として、常に「なぜ」を問う
ことをあげました。実はこれは言語学に限らず、科学一般に
通じる考えです。そして細分化というのも、さらにもう1
つの、言語学を含めた科学的思考の1つです。また生物の
たとえをすると、人間とアブラムシは似ても似つかぬ位、見
かけは違います。しかしこの2つが同じ「生物」だと言え
る根拠は、細かく見ることでわかります。つまり人間もアブ
ラムシも細胞でできているのです。細胞は目に見えません
が、このように細分化することで、見えないものが見えてき
ます。更に細分化を進めれば、原子や素粒子のレベルまで進
みます。このレベルでは、人間もアブラムシも空気も岩も、

全ての物質が共通してきます。細分化することにより、見かけによる判断以上の、より深い理解が可能になります。

　では言語の研究における細分化は、いつから、どのように進んできたのでしょうか。文法に関する人類の興味は、文明発祥と共に始まります。古くは5千年前のメソポタミア文明で、文法書が確認されています。人類最古の文法書は、アッカド語で書かれた、シュメール語の文法書です。そしてこの頃は、語を細分化することはありませんでした。そしてその後の、ギリシャ語、ラテン語を基本とするヨーロッパの文法の伝統でも、語の細分化をすることはありませんでした。語の細分化は、20世紀前半にアメリカで起こった、アメリカ構造主義という学派が最初に提唱しました。一方日本では18世紀の国学の流れの中で、日本語の文法の考察が始まり、語の細分化が起こりました。「書かず」を「書か―ず」と分けるのですが、ここに学校文法の源流が見えますね。江戸時代の学問で、世界的に見ても水準が高かった分野があるのはよく知られていることですが、言語分析に関しても、西洋の先を行っていたことがわかります。

　「書かず」を「書か―ず」と分け、「書かない」を「書か―ない」と分けるやり方は、始まった当時は世界の最先端を行っていたのですが、それから300年たった今でも、語の分け方の根幹は変わっていません。ここの問題は、仮名を使うことです。仮名は子音と母音を合わせて1つの文字で表します。母音とは「あ、い、う、え、お」のことで、子音とは、カ行を作るk、サ行を作るsのような音です。仮名はこの子音と母音を合わせたもので、例えば「か」はkという

子音と a という母音を組み合わせています。問題は、この2つを一まとめにして扱うのは、言語分析としては大ざっぱなのです。たとえて言えば、原子はそれだけで1つのまとまりですが、詳しく見ると陽子と電子などに分解できます。そう考えることで、多くのことがわかってきます。仮名も原子のようなもので、子音と母音に分けて考える必要があります。（ちなみに、陽子と電子が更に細かい素粒子に分けられるように、子音と母音も更に細かい成分に分解できます。これは音声学や音韻論の分野の話ですが、興味のある人は入門書を読んでください。）

　では日本語の動詞を、子音と母音に分けるため、ローマ字で表記しましょう。先ほど考えた五段活用の動詞「書く」は、kakanai, kakimasu, kaku, kakeba となり、一段活用の動詞「見る」は、minai, mimasu, miru, mireba となります。さてこれをどう分けましょうか。ぞれぞれ kak- と mi- を一区切りにする方法が考えられます。以下のようになります。

（3）

	五段活用	一段活用
否定形	kak-anai	mi-nai
丁寧形	kak-imasu	mi-masu
基本形	kak-u	mi-ru
条件形	kak-eba	mi-reba

これと、上で見た学校文法を比べてみましょう。

(4)

	五段活用	一段活用
否定形	書か―ない	見―ない
丁寧形	書き―ます	見―ます
基本形	書く	見る
条件形	書け―ば	見れ―ば

　（3）と（4）を比べると、まず五段活用で大きな変革が起こったのがわかります。（3）では２つに分けた左の部分が、常にkak- と不変なのです。（4）でハイフンの左側の活用形が「書か、書き、書く、書け」と変わることと対比して考えると、（3）のやり方では活用形を変化させなくていいのです。一段活用ではあまり大きな違いはないようですが、それでも、（4）では「み、み、みる、みれ」と文字の数が変わったのに対し、（3）では mi- とやはり不変です。先ほど、なぜ活用形があるか、という疑問をあげましたが、「書か、書き、書く、書け」と変わるような活用形はそもそも必要ないのです。ここで（3）の左側の変わらない部分を、活用形と区別するため、**語根**と呼びましょう。また右側につくものを、**接尾辞**と呼びましょう。（3）は、ずっと変わらない語根に様々な接尾辞がついて、日本語の動詞はできていることを示しています。

　（3）は言語学の考え方を実践した結果できた分析ですが、言語学は人間の言語一般に通じる特徴を追求すると述べました。では（3）のような分析は、他の言語、例えば英語でも通用するでしょうか。英語の動詞は、原形が基本ですが、三人称単数現在、過去形、進行形で変化します。walk という動

詞を例に考えれば、walks, walked, walking となります
が、これを２つに分けるとすれば、walk-s, walk-ed,
walk-ing となるでしょう。ここでも(3)と同様に、左側の
語根に、右側の接尾辞がついています。

　この英語の分け方や(3)に共通する、動詞の分け方の決ま
りは何でしょうか。それは以下で表現できます。

(5) 共通する部分を最大限に、そしてそれのみを含んだ部
　　分で分ける。

kakanai, kakimasu, kaku, kakeba では kak- までが共通
なので、ここで分けるのです。こう考えると、学校文法の分
け方が、これには合っていないことがわかります。kak だ
けでなく、その後の母音まで余計に含んで、kaka-nai,
kaki-masu, kaku, kake-ba と分けてしまっていたのです。
結局活用形というのは、(5)とは違う分け方をした結果でき
た「幻想」だったのです。学校文法が苦手だったという皆さ
ん、原因は皆さんではなく、（言語学から見れば）実体のな
い活用形という、分析の方法にあったのです。

　(5)を無視すると、いかに変な文法ができるか、英語の例
で考えましょう。(5)に従って正しく walk-s, walk-ed,
walk-ing と分けることで、以下の様な文法が得られます。

(6) 三人称単数現在で -s をつけ、規則動詞過去形で -ed を
　　つけ、進行形で -ing をつける。

ここで仮に、（5）を無視して wal-k, wal-ks, wal-ked, wal-king としてみましょう。これは（5）の「共通する部分を最大限」ではなく、不十分にすくい上げた結果です。その結果、（6）は（7）のように修正しなくてはいけません。

（7）原形で -k をつけ、三人称単数現在で -ks をつけ、規則
　　動詞過去形で -ked をつけ、進行形で -king をつける。

これが変なのはすぐお分かりでしょう。plays, played, playing では通用しないからです。（7）は walk にだけ通用する決まりです。-k, -ks, -ked, -king は walk 専用の接尾辞になっています。play で pal-y, pla-ys, pla-yed, pla-ying と分けたら、今度は -y, -ys, yed, -ying という、play専用の接尾辞が必要になってきます。これはおかしいですよね。もちろん、（5）を守り、walk-s, walk-ed, walk-ing と分ければ、全ての英語の動詞に通用する、（6）の決まりが得られます。kaka-nai, kaki-masu, kaku, kake-ba と分けるやり方は wal-k, wal-ks, wal-ked, wal-king と分けるのと同じようなものなのです。
　　wal-k という分け方は、議論のためにあえて変な分析をした結果ですが、辞書には walk と記載されている訳だから、そもそもこんな分け方はありえない、と思う人もいるでしょう。しかし「辞書に載っているから」というのは、批判的精神を重視する科学的発想ではありません。辞書にもそれなりの考えがあり、それを検証する必要があります。そして辞書の目的と科学的な言語学の目的は異なることがあります。辞

書は一般学習者を対象とするので、そこに載っている「基本形」が言語学的な意味での基本（語根）と一致するかは、言語によって事情が変わるのです。英語はたまたま語根と辞書に載っている形が同じですが、これはヨーロッパの言語の中では例外的です。例えばフランス語の「好き」という動詞は、現在形で 6 つの人称と単複の組み合わせで、aime, aimes, aime, aimons, aimez, aiment と変化します。ここで語根は aim- ですが、これだけで使われることはないので、語根は辞書には出てきません。代わりに不定詞と呼ばれる、時制のない aimer という形で載っています。日本語の動詞も同様で、「書く」が辞書に載っているからと言って、それが言語学的に基本的な（不可分な）ものである必然性はないのです。

　学校文法では子音と母音を分けず、語根の概念が使えないので、「書く」は不可分なものとして扱われます。実はこれが一段活用で、矛盾を生み出します。一段活用は「み、み、みる、みれ」と文字の数が変わるのですが、これは五段活用に合わせた結果です。五段活用の「書く」がこれ以上分かれないため、「見る」もこれ以上分けられないのです。一方 kak-u と分ける言語学のやり方では、mi-ru と分けることができ、語根を mi- で統一することができます。

　ここで、日本語をローマ字で表記することに違和感を感じる人がいるかもしれません。「日本語を考える時は、日本語の文字を使うべきで、英語を使うのはいかがなものか」というような感覚です。しかしこれは違います。まずローマ字は英語ではありません。ローマ字で書いたとしても、日本語は

日本語のままです。子音と母音を分けるために、ローマ字を使う必然性はないのですが、最も知られている音声表記としてこれを使いました。ちなみにローマ字はヨーロッパを超えて、例えばベトナム語やインドネシア語でも使われています。確かにローマ字は日本語の正式な文字ではありませんが、そもそも言語の本質を知る上で、文字というのは直接の関係はありません。日本語の仮名も、元々は漢字、つまり中国語です。中国語は古くから記録が残り、中国語と漢字は切っても切れない関係だと思うかもしれません。しかしその中国語でも、文字ができる前は、話しことばだけで存在していた時期があります。つまり文字を全く考慮せず、文法のことを考えることは可能なのです。可能どころか文字とは無関係に文法を構築して行くというのが、言語学の方法です。

　先に、語を分けるというやり方は、西洋ではアメリカで20世紀に始まったが、学校文法の源流である国学はそれより前の江戸時代に遡る、と言いました。これには日本語とヨーロッパ言語の違いが原因です。ヨーロッパの文法研究に大きな影響を与えたのはラテン語ですが、ラテン語は語を分けにくいという特徴があります。英語でたとえて言えば、takeの過去形のtookのようなものです。これは不規則の過去形ですが、tookを2つに分けると言っても、to-okとは分けられません。-okが過去の意味を表すわけでもありませんし、kの部分なら現在形のtakeにもあります。tookは1つの語として、そのまま考えるしかないわけです。これに対し日本語の動詞は、英語で例えて言うなら規則形のwalkedのようなものです。walk-edと同じに、容易に語を分割で

きます。このような背景から、日本では語を分けるという発想が欧米より早く生れました。ちなみに英語は、took と walked の例からわかるように、語を分けにくい言語と分けやすい言語の中間に位置します。英語も古くはラテン語のように語を分けにくかったのですが、だんだん語を分けやすい言語の特徴も持つようになってきました。

　よくノーベル賞の受賞者がインタビューなどで、「1 つの疑問が解決すると、また次の疑問が出てきた」と言うことがあります。これは科学全般に言えることで、これこそが学問をする醍醐味なのですが、言語学でも同様です。これまで、言語学的分析では、語根は一定なので活用形として変化させる必要はない、ということを見てきました。なぜ変化する活用形があるのかという疑問から話を始めたので、活用形は実は必要ない、とするのは、1 つの解決法です。しかしそうすると、新しい問題が出てきます。つまり接尾辞が、五段活用と一段活用で違うのです。（3）と（4）の表にもどると、ローマ字分析では、接尾辞は五段活用では -anai, -imasu, -u, -eba ですが、一段活用では -nai, -masu, -ru, -reba です。最初の部分が、微妙に異なりますね。一方学校文法の（4）の表では、接尾辞は五段活用と一段活用に共通して否定形は「ない」、丁寧形は「ます」、基本形はなし、条件形は「ば」となっています。ローマ字分析ではなぜ接尾辞が異なるのでしょうか。そしてもっと大事な疑問として、接尾辞が異なってくるなら、ローマ字を使って語根を一定にする意味はあったのか、ということがあります。つまり、活用形が五段活用で「書か」、「書き」のように変わる学校文法と、接尾辞が

五段活用と一段活用で異なる言語学的分析では、どちらも一長一短ではないか、という疑念です。

　この疑問を考えるために、再び科学の基本的考え方を思い出しましょう。それは「なぜ」です。ある分析に「なぜこうなるか」という問いを投げかけ、それに対する納得いく答えがあれば、それはいい分析と言えます。逆に納得いく答えが出てこないのであれば、その分析は疑うべきです。学校文法ではなぜ「か、き、く、け、こ」と５つの段で変わるか、という問いには答えがありません。ただ、日本語はそうなっている、としか言いようがありませんが、これは納得のいく説明ではありません。では言語学的分析では、接尾辞が異なることに対して、答えはあるのでしょうか。

　その答えは、日本語の音の特徴にあります。日本語の音は基本的に子音、母音、子音、母音、と交互に続きます。kakimasu, kaku などもこのパターンです。そして語根に注目すると、ローマ字を使って語根を一定にした場合、五段活用の語根は子音で終わり、一段活用の語根は母音で終わっています。（3）とは別の動詞の「読む」と「食べる」で確認しましょう。

(8)

	五段活用	一段活用
否定形	yom-anai	tabe-nai
丁寧形	yom-imasu	tabe-masu
基本形	yom-u	tabe-ru
条件形	yom-eba	tabe-reba

以下では、五段活用を示す、語根が子音で終わる動詞を**子音動詞**と呼び、一段活用を示す、語根が母音で終わる動詞を**母音動詞**と呼びます。

　接尾辞が変わる問題に戻ると、語根が子音で終わるか母音で終わるか、ということと、接尾辞がどんな形になるか、ということは関係があるでしょうか。大いにあります。子音で終わる kak-、yom- につく接尾辞は、-anai、-imasu、-u、-eba ですが、これらは全て母音で始まっています。逆に母音で終わる mi-、tabe- につく接尾辞は、-nai、-masu、-ru、-reba ですが、これらは全て子音で始まっています。つまり語根が子音で終われば接尾辞は母音で始まり、語根が母音で終われば接尾辞は子音で始まるのです。これは日本語の音の基本的パターンである、子音、母音、子音、母音、というつながりを忠実に守っています。結論として、接尾辞が子音動詞と母音動詞で異なる理由は、それぞれの語根が子音で終わるか母音で終わるかということと、日本語の音の決まりからくる必然の結果であるということになります。これは先の「なぜ」に対する、納得できる答えだと思いますが、いかがですか。なお、母音の連続は日本語で実際に起こりますが、多くは漢語で見られます。和語で母音連続がある場合でも、古くは母音の間に子音がありました。例えば「高い（takai）」では ai で母音が続いていますが、かつては「高し」や「高き」のように a と i の間には子音があり、母音の連続は避けられていました。

　これまで、最初の「なぜ活用形があるのか」の問いに対し、「活用形は必要ない」という答えを見つけてきました。

ではもう 1 つの問いである「なぜ五段、一段という 2 種類の活用があるのか」についてはどうでしょう。(8)の表を見ると、名称は別にして、動詞には 2 種類あります。この点で学校文法も言語学的分析も違いはありません。しかし「なぜ 2 種類か」という問いに対しては、2 つで違いが出てきます。学校文法では、なぜ 3 種類、4 種類ではないか、という問いに対し、答えはありません。四段活用や二段活用というものが古語にありましたが、三段活用は聞いたことがありません。なぜでしょうか。一方、言語学的分析では答えがあります。言語の音は大きく分けて母音と子音があります。よって、語の最後に来る音の論理的可能性として、母音と子音の 2 つがあります。この数字が、そのまま活用の種類の数字になるわけです。(ここで「来る」のようなカ行変格活用と、「する」などのサ行変格活用はどうか、と思う人もいるでしょう。これらは「変格」と名付けられていることからわかる通り、不規則変化です。これも深く考えると面白いのですが、本書では省略します。)

　(8)の表によれば、接尾辞には子音動詞に対応した、母音で始まるものと、母音動詞に対応した、子音で始まるものと、2 つあることになります。例えば否定形を作る接尾辞は -anai と -nai、基本形を作る接尾辞は -u, -ru という風にです。日本語を教える際は、ここで止まって、それぞれに接尾辞には 2 つの形があり、子音動詞用と母音動詞用で使い分ける、とするので十分でしょう。(実際にアメリカでそう教える教科書もあります。)しかし科学としての言語学では、もっと深いことを考えます。具体的には、2 つのものがあ

り、それらの間に関係がある時、どんな関係があるのか、そしてその関係はどの程度汎用性があるものなのか、ということに関心を向けます。その関係がその 2 つの間だけでなく、他の例にも見られる一般的なものであれば、人間言語の一般的特徴を追求する言語学の目的にかないます。一方、特殊なものであれば、それはそれで、どの程度特殊なのか、なぜ一般的特徴があてはまらないのか、という問いが出てくるので、このことも意味があります。このように考えることで、分析は説明力が高くなるのです。(8)の分析でも、さらに高い説明力を目指して、以下で考察を続けましょう。

3　否定形と丁寧形の母音の有無

　注意深い読者の中には、これまでの説明ではまだ疑問が残る、と思っている人がいるかもしれません。1 つ 1 つの接尾辞を、子音動詞と母音動詞で比べてみましょう。否定形では -anai に対して -nai、丁寧形では -imasu に対して -masu です。つまり子音動詞では母音動詞と比べて、否定形では [a] が、丁寧形では [i] が余分に出ています。-anai, -imasu が母音で始まるのは、その前が子音だからだ、というのは上で見ましたが、ここでは母音の中身が [a] と [i] で異なります。なぜでしょうか。これは新しい疑問です。

　この疑問に対する答え方として、2 つの方法があります。1 つは、[a] と [i] がもともと存在していると考えることで、もう 1 つは [a] と [i] が後から現れた、と考えることです。そして、[a] と [i] がもともと存在していると考

えると、なぜ -anai と -imasu で最初の母音が異なるか、という問いには、少々乱暴に聞こえるかもしれませんが、答えはない、ということになります。言語の特徴の1つに「恣意性」というものがあります。例えば多くの人が愛してやまない、人間の最良の友と言われるあの動物は、なぜ「いぬ」なのでしょうか。あの風貌、あの吠える声、どれをとっても「いぬ」と発音しなくてはいけないという理由は見当たりません。そして英語では dog といいますが、これも理由はありません。つまり物体がどんな音に結び付けられて「語」として各言語の中に存在するか、ということには論理的な理由はなく、恣意的、つまり気まぐれによって決まっているのです。この観点からすれば、否定を表す接尾辞は -anai、丁寧を表す接尾辞は -imasu と決まっていて、それ以上の理由はない、ということになります。

　この説明では否定と丁寧の接尾辞はそれぞれ -anai、-imasu というのが基本の形になります。これは子音動詞に出るのですが、母音動詞ではどうでしょうか。もしこのままの形が出たら、mi-anai, mi-imasu となり、間違った形になります。これらは何がいけないのでしょうか。ここでまた、日本語の音の決まりが出てきます。ここでは母音が連続していて（それぞれ i-a と i-i）、これは子音、母音、子音、母音、と交互に続くパターンを破っています。そこで続いた母音のどちらかを消してみましょう。ここでは接尾辞より語根の方が重要度が大きく、手をつけてはならないと考え、接尾辞の最初の母音を消してみましょう。すると以下のような変化がおこります。

(9) a. kak-anai　そのまま

　　 b. kak-imasu　そのまま

　　 c. mi-anai → mi-nai

　　 d. mi-imasu → mi-masu

矢印の左側は、変化の前、矢印の右側は、変化の後を表します。「見ない」では -anai から最初の母音が消され、-nai が接尾辞としてあらわれることがわかります。

　上の分析では -anai、-imasu を基本の形と考え、-nai、-masu は最初の母音を消すことにより得ました。これは先に触れた、2 つの答え方の 1 つ目ですが、2 つ目は 1 つ目とは逆に考えます。つまり -nai、-masu を基本の形と考え、-anai、-imasu は最初に母音を入れることで得られるということです。上の分析では（9c, d）のように母音動詞で母音を消す操作がありましたが、今度は子音動詞で母音を入れる操作が必要になります。

(10) a. kak-nai → kak-anai

　　 b. kak-masu → kak-imasu

　　 c. mi-nai　そのまま

　　 d. mi-masu　そのまま

ここでは変化の前は k-n, k-m という子音の連続があります。これもやはり日本語では許されないので、間に母音を入れたのです。（10a）では a が入り、（10b）では i が入ります。

この２つの分析のどちらが正しいでしょうか。ここでまた、「なぜ」の基準が出てきます。不要な時に母音を消す（9）の分析と、足りない時に母音を入れる（10）の分析では、どちらが「なぜ」に満足に答えるでしょうか。先に、-anai、-imasu を基本の形と考えると、言語の恣意性の一種として、なぜ a, i という違う母音が出るか、という問題は生じないと述べました。これに対し -nai、-masu を基本の形と考える２番目の分析では、a, i は後になって付け足す母音となり、ではなぜ違う母音なのか、という問題が生じてきます。これは２番目の分析が直ちに間違いだということを意味するわけではありませんが、説明が求められる分、ハードルが高くなったことを示しています。

　ここでこれまでに見た、音の調整を整理してみましょう。子音、母音、子音、母音、のパターンを維持するため、もし子音や母音の連続が起きたら、論理的可能性として、以下のような調整が起こります。

（11）子音の連続が起きたら

　　　a．２つの子音のどちらかを消す。または

　　　b．２つの子音の間に母音を入れる。

（12）母音の連続が起きたら

　　　a．２つの母音のどちらかを消す。または

　　　b．２つの母音の間に子音を入れる。

（9c, d)は（12a)の例で、（10a, b)は（11b)の例です。音

を消すことと、音を入れることを比べると、入れる方が高い説明力が求められます。パソコンやスマホでの文字入力にたとえるなら、文字を消す方が、文字を入力するより楽ですよね。消すだけなら、基本的に日本語にある音ならどんな音でも消せます。しかし入れるとなると、理論的動機づけと証拠が求められます。この２つは科学一般に通用することですが、解説しましょう。

　理論的動機づけとは、まず頭で考え、こうであるはずだ、という説明のことです。入れる音がどんな音であるべきかについて考えましょう。何もない所に、新たな音を入れるわけですから、この音はあまり存在感があってはいけません。新参者は目立たないようにすべき、ということです。母音の場合では、発音する際に必要なエネルギーが少ない、つまり楽に発音できる音が、存在感の低い音です。ではどんな母音が楽に発音できるでしょうか。ここで皆さん、あごに手を当てて、「い、え、あ、お、う」と発音してみて下さい。あごが「え、あ」で段々下がり、「お、う」で再び上がるのがわかると思います。母音の音は舌の位置で決まるのですが、舌の位置を調整するために、あごも動かします。そしてあごを動かさずに発音できる音が、存在感のない、入れるのにふさわしい音ということになります。もう一度「い、え、あ、お、う」と言って下さい。「い」と「う」の時に、あごが高いまま、つまり動いていませんね。つまり、「い」と「う」が入れる音の候補となるわけです。

　上で「候補」と言いましたが、これはまだ確定していないことを意味します。上では理論的な話、つまりこうであるは

ずだ、という話でした。これは出発点としては重要ですが、これだけでは砂上の楼閣です。実体をともなうためには、独立した証拠が必要になります。独立した証拠とは、目下問題としていることの説明で、ある道具が必要な時、その問題とは別のところで、その道具が使われていることを示す、ということです。少々回りくどい言い方になっていますが、入れる音の問題を例にして、具体的に見ていきましょう。

　我々の目下の問題は、(10a, b)の kak-nai → kak-anai と kak-masu → kak-imasu で、それぞれ a と i を入れると分析することが正しいかどうかです。上で理論的動機づけとして、「い」と「う」が入れる音の候補だと言いました。この時点で、a を入れることが正しい可能性はかなり低くなります。では i はどうでしょうか。ここで独立した証拠が必要になります。今は語根と接尾辞の結合の分析で、i を入れることが正しいか考えています。そしてこれが正しい理由として、「語根と接尾辞の結合の時に必要だから」ということを言いだしたら、これは成り立たないのはおわかりでしょうか。これを循環論法と言いますが、例えて言えば、なぜ今日は寒いのかという問いに、今日は暖かくないからだ、と答えるようなものです。事実の言い換えに過ぎず、説明になっていないのです。科学的に論証するには、別のところから証拠を持ってくる必要があります。目下の問題は語根と接尾辞の結合において、i を入れることなので、このための独立した証拠としては、語根と接尾辞の結合以外で i を入れる例を探すのです。そしてこれは見つかります。外来語です。特に英語から日本語に入って来た語は多いですが、英語の発音には

子音の連続が普通にあります。これは日本語では許されないので、英語の単語が日本語になる際に、調整が起こります。以下は i が入った例です。

(13) a. text（テキスト）
　　　b. extra（エキストラ）

ここで x の部分は英語の発音は［ks］と子音が続きますが、日本語になると［kisu］となっています。これが、i が日本語では調整のために入れられる母音として使われる、ということの、独立した証拠となります。ちなみにここでは u も使われていて、先に見た、理論的動機づけを基にした、入れる母音の候補としての「い」と「う」の両方が、独立した証拠によって裏付けられたことになります。翻って a を入れる証拠は、語根と接尾辞の結合以外のところからは見つかりません。つまり理論的動機づけに加えて、独立した証拠の観点からも、kak-nai → kak-anai のように a を入れる分析は却下されます。これは否定形に関して言えば、-anai を基本に据えて、mi-anai → mi-nai のような a を消す操作が正しい、ということを意味します。以下でまとめると(9)と(10)それぞれ半分ずつ正しいということです。

(14) a. kak-anai　そのまま
　　　b. mi-anai → mi-nai
　　　c. kak-masu → kak-imasu
　　　d. mi-masu　そのまま

つまり否定形では -anai が基本で、母音動詞では a が消されます。丁寧形では、-masu が基本で、子音動詞では i が入ります。

☙ 4　基本形と仮定形の子音の有無

　前節では学校文法で未然形を含むと言われる否定形と、連用形を含むと言われる丁寧形の分析を、言語学の方法に従って行いました。では残りの終止形と言われる基本形と、仮定形を含むと言われる条件形ではどうでしょうか。ここでは基本形の接辞が -u/ru、条件形の接尾辞が -eba/reba と、r が出たり消えたりします。これも先の母音と時と同様に消すか、入れるかのどちらかで考えることができます。

　最初の分析としては、r を含む -ru, -reba を基本として、r がない時は消されたと考えます。

（15）a.　kak-ru → kak-u
　　　 b.　mi-ru　　そのまま
　　　 c.　kak-reba → kak-eba
　　　 d.　mi-reba　そのまま

ここでは「見る、見れば」ではそのままの形が出て、「書く、書けば」では r が消されます。

　2番目の可能性としては逆に、r がない -u, -eba を基本として、r がある時は入れられたと考えます。

（16）a.　kak-u　そのまま

   b.　mi-u → mi-ru

   c.　kak-eba　そのまま

   d.　mi-eba → mi-reba

ここでは「書く、書けば」ではそのままの形が出て、「見る、見れば」では r が入れられます。

　では（15）と（16）のどちらが正しいでしょうか。上で、入れるよりは消す方がハードルが低いと言いました。消すだけならなんでも消せるが、入れるにはそれなりの証拠が必要だ、という理由からです。そしてここでも、（15）の r を消す分析は、多くの研究者に受け入れられています。

　しかし（15）と比べて（16）が劣るわけではありません。（15）の疑問点として、-ru, -reba を基本と考えると、なぜ両方とも r で始まっているのか、ということがあります。2つだけなので、これは偶然ということで済まされるかもしれませんが、何か見落としているかもしれません。一方 r を入れる（16）の分析では、なぜ同じ r が入るかが説明できます。1つの言語で調整のために入れられる子音は、通常は1つだけだからです。更に（15）の問題点があります。-ru, -reba という接尾辞は r で始まりますが、実は r で始まる語は日本語ではとても少ないのです。国語辞書を見てください。ラ行の単語は多くは漢語か外来語で、純粋な日本語の語彙（和語）は極めて少ないはずです。もっとも辞書に載っているような名詞や動詞と、接尾辞とは性質が違うので、r で始まる接尾辞があってもおかしくない、と抗弁することもできるでしょう。そのためこれらの疑問は決定的に（15）を否

定するものではありませんが、（16）の可能性を高めることになります。

　他に（16）を動機づける証拠として、rの存在感のなさがあります。入れられる音は、新参者として目立ってはいけない、ということを思い出して下さい。上で触れましたが、rで始まる和語の語彙はとても少ないです。これはrの存在が薄いことを示しています。

　さらに、rが入れられたと考えると都合がいいことがあります。それは「望ましい帰結」です。これは、ある分析を取り入れることで、それとは別のところで、これまでには得られなかったような、望ましい帰結が新たに得られる、ということです。言語学ではこういうことが起こると、その分析に対する証拠となります。それを「ラ抜き」ことばで見ていきましょう。

　まずラ抜きの全般的特徴を確認しましょう。「見られる、食べられる」となるべきところ、「見れる、食べれる」となるのがラ抜きです。本来の言い方より「ら」が抜けているのでこう呼ばれます。本来は正しくないのですが、多くの世代で浸透しつつあります。ただ、どんな時にでも「ら」を抜けるわけではありません。「走らない」から「*走ない」は言えません。ラ抜きは母音動詞の「可能形」に限定されます。従って子音動詞の可能形である「書ける、読める」にはラ抜きはありません。

　ラ抜きが出てきた背景に、意味をはっきりさせる、という働きがあります。次の文の意味を考えましょう。

（17）a. コオロギが食べられた。

　　　b. 先生は今朝早く起きられた。

（17a）は、コオロギがトカゲなどに食べられたという受け身の意味がありますが、他にも、例えばコオロギが入っているせんべいがあって、今までは食べられなかったけど、やっと食べられるようになった、という意味も可能です。（17b）は、起きることができた、という可能の意味も、単なる起床の動作に尊敬を加えた意味も、可能です。つまり、接尾辞の「られる」には受け身、尊敬、可能の意味があって、文脈なしでは意味が曖昧なのです。では（17）をラ抜きにするとどうでしょう。

（18）a. コオロギが食べれた。

　　　b. 先生は今朝早く起きれた。

とたんに曖昧ではなくなり、可能の意味だけになります。（17a）では受け身の意味がなくなり、（17b）では尊敬の意味がなくなります。間違いと言われながらも、ラ抜きにはこのような便利な機能があり、これが広まっている理由の1つでしょう。

　ではラ抜きを分析しましょう。文字通り「ら」を抜く、つまり消すという分析なら、以下のようになります。

（19）食べられる → 食べれる

ここではまだ動詞を分割しないので、ローマ字は使いません。（後で使います。）(19)は言語学的にどう評価できるでしょうか。ここでまた、「なぜ」が重要になります。(19)はなぜに答えてくれるでしょうか。残念ですがそうではありません。先に「られる」には受け身、尊敬、可能の３つの意味があると言いました。その中で、なぜ可能の意味だけ、「ら」が消せるのでしょうか。(19)だけではそれに対する答は得られません。

　ここで鍵となるのが、子音動詞の可能形、「書ける、読める」です。学校文法ではこれらの動詞を（下）一段動詞として分析します。つまり「食べる」と同じ種類です。なぜ可能形になると、五段から一段に変わるのか、という疑問は残りますが、屈折の変化としては確かに「書ける」と「食べる」は一致します。ではこれをどう分ければいいでしょうか。先に「食べる」は tabe-ru と分けました。では「書ける」も kake-ru と分ければいいでしょうか。いいところまで行っていますが、あと一歩です。共通する部分をすくい取って分ける、という原則を思い出してください。これにのっとり、「書く」の語根として kak- を抽出しました。すると kake-ru はさらに kak-e-ru と分かれます。つまり、kak- という語根の後に、２つの接尾辞が続くのです。kak-e- の部分だけを見ると、普通の母音動詞の語根の tabe- と同じなので、子音動詞の可能形は母音動詞と同じように屈折をするのです。

　kak-e-ru の中で、最後の -ru は tabe-ru で出る -ru と同じ、基本形を作る接尾辞です。そして真ん中の -e- が可能の

意味をもたらします。これに沿って母音動詞の可能形「食べられる」も 3 つの部分に分割してみましょう。「食べる」が tabe-ru と分けられることを基に考えると、「食べられる」は tabe-rare-ru となります。そして真ん中の -rare- が可能の意味を持ちます。つまり可能の接尾辞は子音動詞と母音動詞で違うものを使うのです。

（20）可能の接尾辞は子音動詞では -e-、母音動詞は -rare- である。

さてこの -e- と -rare- の関係は、これまで見てきたものと質が違います。例えば kak-u と tabe-ru に出てくる終止形の接尾辞の -u と -ru は、r を入れるか消すかで、2 つの交替を説明することができます。しかし -e- と -rare- は余りに違いすぎます。2 つの差は rar の有無ですが、これを消したり入れたりするのは無理があります。これは、-e- と -rare- は本来違う語であり、歴史の偶然によりたまたま同じ可能の意味を持つようになったことを意味します。実際、子音動詞につく可能の -e- は、動詞の「得る」が語源です。

　ここで重要なのは、接尾辞の「られる」の 3 つの意味の中で、可能だけが、子音動詞では使えず、他の受け身と尊敬の意味では、-rare- の最初の r がない -are- が使われる、ということです。以下で「書く」と「開ける」で比べてみましょう。

(21)

	子音動詞	母音動詞
受け身	kak-are-ru	ake-rare-ru
尊敬	kak-are-ru	ake-rare-ru
可能	kak-e-ru	ake-rare-ru

後でまた戻りますが、-rare- と -are- は似ているので同じ接
尾辞と考えられます。上の表からわかるように、6つのセル
の中で、子音動詞の可能形だけが変わり者で、違った接尾辞
を使っています。ここに、なぜ(18)のようにラ抜きで可能
の意味に限定できるか、という疑問に対するヒントがありま
す。

　(21)の表では、子音動詞では可能形専門の接尾辞がある
のに対し、母音動詞ではそれがなく、3つの意味全てで
-rare- を使っています。このことを不便だと思った人がいた
と仮定しましょう。つまりこの人は、「母音動詞も、子音動
詞のように可能形独自の形を持つべきだ」と思ったのです。
これを実現するために、本来は子音動詞にしか使えない -e-
を、母音動詞でも使ったと仮定します。すると、本来は mi-
rare-ru, tabe-rare-ru, ake-rare-ru となる可能形が、mi-
e-ru, tabe-e-ru, ake-e-ru となります。ここで、-e- は母
音で終わる母音動詞の語根に続くので、必然的に母音の連続
ができます。これは解消しなくてはいけないので、以下のよ
うに r を入れると仮定してみましょう。

(22) a.　mi-e-ru → mi-re-ru
　　　b.　tabe-e-ru → tabe-re-ru

    c.　ake-e-ru → ake-re-ru

でき上がったのは、「見れる、食べれる、開けれる」です。
これはラ抜きではありませんか！　つまりラ抜きは「ら」を
抜いているのではなく、r を足しているのです。これは見方
を変えると、180 度逆のように見える例です。
　さて、ラ抜きの話が長くなりましたが、これを始めた経緯
を思い出しましょう。終止形の接尾辞が -u/ru、仮定形の接
尾辞が -eba/reba と、r が出たり消えたりすることに対し、
r を入れる分析を取るか、r を消す分析を取るか、を考えて
いたのでした。そして r を入れる分析の証拠を探す過程で、
ラ抜きの分析を考えたのです。そしてこれは望ましい帰結を
もたらします。つまり r を入れる分析を取り入れることで、
これまで言えなかったことが言えるようになれば、r を入れ
る分析には価値があるということです。上で見た r を足すこ
とであらわれたラ抜きの分析は、なぜ可能の意味にだけラ抜
きがあるかを明確に説明します。(21)の表で見たように子
音動詞の可能形だけ、違う接尾辞を使っているからです。そ
してこの -e- が母音動詞に使われたとしても、その意味は可
能のままなので、ラ抜きは可能の意味しかないのです。こう
した説明は、r を入れる分析を用いてはじめて可能になるの
で、ここに r を入れる分析の望ましい帰結が得られ、これが
この分析の証拠になります。
　以上、終止形の接尾辞 -u/ru と仮定形の接尾辞 -eba/
reba で、(15)の r を消す分析を取るか、(16)の r を入れ
る分析を取るか検討しました。r を消す分析は、最初のハー

ドルは低いのですが、なぜ -ru と -reba がともに r で始まるのかとう疑問と、日本語には r で始まる語が少ないという問題がありました。一方 r を入れる分析は、r は存在感が薄い、ラ抜きで望ましい帰結が得られる、という証拠がありました。r を入れる分析の問題点も、r を消す分析の証拠も、決定的なものではなく、現段階ではどちらが正しくて、どちらが間違いだ、とははっきり言えないでしょう。しかしこれまでの議論を総合的に考えると、r を入れる分析の方が可能性が高いと言えるでしょう。

　ラ抜きの関連で、接尾辞の「られる」について考えてみましょう。(21) の表で見たように、これは母音動詞につくと受け身、尊敬、可能の意味を持ち、子音動詞につくと受け身と尊敬の意味を持ちます。最後に出てくる「る」を除くと、-rare-, -are- の 2 種類があり、-rare- は母音動詞につき、-are- は子音動詞につきます。これは上で見た、終止形の -ru/-u、仮定形の -reba/-eba と同じで r の有無が違います。では -ru/-u、-reba/-eba の交替と同様に、-rare-/-are- の交替も、r を入れている可能性が高いのでしょうか。

　これに答えるには、使役の「させる」と一緒に考える必要があります。「させる」と「られる」を子音動詞と母音動詞につけて、比較します。

(23)

	受け身	使役
母音動詞	tabe-rare-ru	tabe-sase-ru
子音動詞	kak-are-ru	kak-ase-ru

「られる」の -rare-/-are- の交替が冒頭の r の有無が違って
いると同様に、「させる」の -sase-/-ase- の交替も冒頭の
s の有無が異なっています。このことから、この 2 つは同
じ分析をされるべきでしょう。つまり、もし -rare-/-are-
の交替が r を入れることで分析されるなら、-sase-/-ase-
の交替も s を入れる分析がなされるはずです。

(24) a.　tabe-are-ru → tabe-rare-ru

　　 b.　kak-are-ru　そのまま

　　 c.　tabe-ase-ru → tabe-sase-ru

　　 d.　kak-ase-ru　そのまま

この分析では元は -are と -ase で、子音動詞ではこのまま
の形が出て、母音動詞では子音が接尾辞の冒頭に入ります。
しかしここで問題が起きます。(24a)では r を入れていま
すが、(24c)では s を入れています。なぜ違うのでしょう
か。なんとなく、-ase- は s を含むので、その前に入れる子
音も同じ s だ、という説明が考えつきますが、それでもな
ぜ r ではいけないのか、という疑問が残ります。何度か述べ
てきましたが、このように音を入れる分析は、高い説明力が
要求されるのです。

　それに対し、音を消す分析は、入れる分析よりハードルは
低くなります。以下のようになります。

(25) a.　tabe-rare-ru　そのまま

　　 b.　kak-rare-ru → kak-are-ru

        c. tabe-sase-ru　そのまま
        d. kak-sase-ru → kak-ase-ru

この分析では元は -rare と -sase で、母音動詞ではこのままの形が出て、子音動詞では最初の子音が消されます。先ほどの基本形の -ru/-u、条件形の -reba/-eba の時は、r を消すよりは入れる分析の方が可能性が高いという結論になりましたが、「られる」の -rare-/-are- の交替については、r を消す分析が正しいということになりました。すっきりしない展開ですが、研究の動向ではこういうこともよくあります。ある方向に向かう証拠が集まりつつあっても、その逆の証拠も出てきて、新たな研究テーマが見つかる、ということです。

　ここで受け身形と使役形の、学校文法の分析を見てみましょう。

（26）a. 食べ―られる　　b. 書か―れる
　　　c. 食べ―させる　　d. 書か―せる

基本形の語尾の「る」も一体となった形が出てきますが、ここのポイントは受け身と使役の接尾辞は、それぞれ 2 つある、ということです。（26）では接尾辞は未然形に接続しています。一段動詞（母音動詞）では「られる」と「させる」という長い形が出ますが、五段動詞（子音動詞）では「れる」と「せる」という短い形が出ます。なぜ 2 つあるのでしょうか。なぜ一段動詞で長い形を使い、五段動詞で短い形

を使うのでしょうか。逆ではなぜいけないのでしょうか。
(26)の分析はこうした疑問に答えを提供しません。一方ロー
マ字を使う(25)の分析では、-rare-, -sase- という１つ
の形しか仮定しないので、なぜ２つあるかという疑問は生
じません。子音動詞に続く形が、最初の子音がない分、すこ
し短いですが、これは子音が連続したため片方の子音が消さ
れた、と説明がつきます。前に「書か、書き、書く、書け」
という活用形は、仮名を使って分析した結果の、幻想である
ということを見ました。同様にここでの、「られる、らる」
や「させる、せる」という２つの形も、仮名を使った結果
の幻想なのです。実際は、ローマ字を使えば、(25)のよう
に１つの形として分析できます。

　(26)の分析には、もう１つ疑問点があります。それは受
け身、使役の接尾辞が、未然形についていることです。未然
とは「起こらないこと」を意味するので、否定の「ない」が
「書か―ない」のように未然形につくのはわかります。しか
し受け身や使役は未然ではありません。「コオロギが食べら
れた」や「太郎にご飯を食べさせた」は実際に起こったこと
です。したがって(26)の分析は意味的に矛盾しています。
一方接尾辞が直接、語根につく(25)の分析では、こうした
問題は起きません。語根は意味的に中立で、実際に起こった
がどうかについては言及していないからです。

🌱 5　現代語と古語

　これまで否定形、丁寧形、基本形、条件形と、そこに含ま
れる未然形、連用形、終止形、仮定形という活用形を考えて

きましたが、連体形が出てこないのを疑問に思っていた人も
いるでしょう。その理由は、連体形は現代の日本語では必要
ないからです。古語において、連体形は終止形と違う形をと
ることがありました。

（27）a. 時、過ぐ。　　b. 過ぐる時

これは二段動詞の場合です。二段動詞はイ段を含む上二段動
詞と、エ段を含む下二段動詞があり、（27）は上二段動詞で
す。終止形の（27a）と連体形の（27b）では形が違います。
連体形とは、名詞を修飾する形です。二段動詞の他にも「来
る」や「する」に相当する動詞が、終止形と連体形で異なる
形を取りました。
　一方現代語では、以下のように終止形と連体形は同じ形に
なります。

（28）a. 時が過ぎる。　　b. 過ぎる時

現代語で終止形と連体形が同じ形になったのは、二段動詞に
限らず、全ての動詞においてです。形容詞も、古語では終止
形と連体形が違う形でしたが現代語では同じです。唯一、後
で触れるコピュラ（断定の助動詞）にだけ、現代語でも区別
がありますが、これは例外として扱えばいいわけで、現代語
において終止形と連体形を区別する必要はないのです。しか
し学校文法ではこれを区別して、（28a）の「過ぎる」は終
止形、（28b）の「過ぎる」は連体形と教えます。なぜ見か

けは区別がないのに、現代語でもこの２つを区別するので
しょうか。それは古語で区別があったからですが、ここで言
語学と学校文法は大きな違いが出てきます。

　言語学で重要な原則の１つに、１つの時間における状況
を見る視点と、時間の経過による変化を見る視点を区別す
る、ということがあります。これはソシュールという言語学
者が言って、多くの言語学者に受け入れられている考えです
が、１つの時間の状況を見る視点を**共時**、時間の経過による
変化を見る視点を**通時**と言います。例えば日本語において、
古語から現代語に変化する際に、（27）から（28）のように、
終止形と連体形の区別がなくなった、というのは通時的視点
です。一方で共時的視点というのは、古語においてどうだっ
たということとは関係なしに、現代の日本語だけを見て文法
を考えるということです。

　言語は常に変化しています。どの程度変化すれば違う言語
になるか、という問題は答えるのが難しいのですが、十分な
時間が経てば、はっきりと別の言語になります。例えばフラ
ンス語やスペイン語は、古代ローマ帝国の公用語であるラテ
ン語からできています。ラテン語からどこがどのように変化
して、今のフランス語やスペイン語になったかという問題
は、その言語の深い理解にはもちろん必要でしょう。これは
通時的視点ですが、その一方で、現代のフランス語やスペイ
ン語のことだけを考える、共時的な文法も重要なはずです。
実際、フランス語やスペイン語を学ぶ際、「元々ラテン語で
はこうだった」という文法を習う人はいないでしょう。これ
らの言語はラテン語ではないからです。

日本語でも、古語と現代語は違う言語と考えていいでしょう。「いや、同じ日本語だ」と反論する人もいるかもしれませんが、古語の文法をわざわざ学校で教えること自体、現代人にとって古語は外国語と同じであることを示しています。母語であれば、あえて教える必要はないからです。（なお、「母国語」という言葉は２つの点で非科学的で、言語学では使われません。まず多くの国で複数の言語が話されていて、アイヌ語がある日本も例外ではありません。もう１つの点は、同一の国であれば、時代が異なっても言語は変わらない、という誤謬につながるからです。）源氏物語は、古語の文法と語彙の深い知識がなければ、一般の人にとっては何が書いてあるかわからないでしょう。古語と現代語はこれほどかけ離れているのです。したがって、古語で終止形と連体形の区別があったからと言って、現代語でもそれが通用する、と考えるのは、科学的な思考法とは言えません。

　もっとも、学校文法にも言い分はあります。それは古典の鑑賞という目的です。上で述べたように、古語の文法の知識がなければ古典は読めないので、高校で詳しい古語の文法を教えるわけですが、それに慣らすために、現代語の文法を、古語に準拠して中学で教えるのです。しかしその結果、現代日本語の文法が歪んだものになるとすれば、その代償は大きいと思います。実は古語の文法を無理に現代語に当てはめて、その結果矛盾を引き起こすのは連体形だけではありません。以下で、形容動詞と連用形で、同様の例を見ていきます。

　形容動詞とは、「静かな」や「危険な」のように名詞を修

飾する時に「な」がつく品詞のことです。なぜ形容動詞と名前がついているのかというと、それは古語において動詞のように変化（屈折）していたからです。古語では「静かなり」と言っていて、これはラ行変格活用の「あり」と同じ活用をしたので、形容動詞と呼ぶのです。

　まずここで疑問がわきます。なぜ「静か―なり」と分けないのでしょうか。右側の「なり」は、断定の助動詞として、存在が認定されています。これは例えば「男―なり」のように、名詞につきます。「静かなり」の「なり」は「男なり」の「なり」となぜ異なる扱いを受けるのでしょうか。それは名詞と違い、「静か」は単独では用いられないからです。しかし例えば「書か―ない」の「書か」も、単独では使いませんが、1 つの活用形として認定されます。そして実際に古語辞典では、「なり」のない形容動詞の語幹の部分だけで記載されています。さらに現代語では、形容動詞は「危険だ」のようになりますが、ここでも、「だ」のない単独の「危険」は、看板や「危険極まりない」などで用いられます。しかしながら、古語として記録が残っているのは書き言葉がほとんどで、形容動詞の語幹が単独で現れることはなかったのでしょう。「静か―なり」と分けないことに対するツッコミはこのくらいにして、次の重要な問題に移ります。

　古語の「静かなり」は、現代語では「静かだ」と変わっています。これは動詞でしょうか。品詞の決定の方法はいくつかありますが、言語学でも学校文法でも使われている方法に、語を変化させてその末尾を比較する、ということがあります。例えば「書く」、「食べる」、「高い」を比べてみまし

ょう。

(29)

	子音動詞	母音動詞	形容詞
基本形	書く	食べる	高い
否定形	書かない	食べない	高くない
過去形	書いた	食べた	高かった
条件形	書けば	食べれば	高ければ
テ形	書いて	食べて	高くて

子音動詞の「書く」と母音動詞の「食べる」は、多少は違い
ますが、「高い」と比べると2つは似ていて、2つは同じ品
詞に属することがわかります。基本形では、動詞がウ段で終
わっているのに対し、形容詞は「イ」で終わっています。否
定形とテ形では、形容詞だけに「く」が出ます。過去形では
形容詞だけに「かっ」の部分があります。仮定形では「け」
が出ます。(「書けば」でも「け」はありますが、これはた
またま「書く」がカ行で変化するためであり、例えば「読め
ば」では「け」は出ません。)

　以上のように末尾に注目しながら、動詞、形容詞、名詞の
横に形容動詞を置いて、変化を比べてみましょう。

（30）

	動詞	形容詞	名詞	形容動詞
基本形	書く	高い	男だ	静かだ
否定形	書かない	高くない	男じゃない	静かじゃない
過去形	書いた	高かった	男だった	静かだった
仮定形	書けば	高ければ	男なら	静かなら
テ形	書いて	高くて	男で	静かで
修飾形	書く人	高い人	男の人	静かな人

ここでは（29）の５つの形の他に、名詞を修飾する時に使う形（修飾形と呼びます）を加えました。名詞の列と形容動詞の列に注目してください。修飾形を除いて、形容動詞は名詞と同じ語尾がついているのがわかります。「〜だ、〜じゃない、〜だった、〜なら、〜で」が共通しています。これは動詞とも形容詞とも異なります。こうした事実から、言語学や日本語教育の分野では、「形容動詞」とは言わず、「形容名詞」と呼ぶこともあります。正式にどう呼ぶのがふさわしいかの問題は別にして、はっきり言えることは、語尾から見れば、「形容動詞」は動詞ではない、ということです。この名称の唯一の根拠は、古語において動詞だった、ということだけです。ここに、古語の文法を現代語に拡大した結果の矛盾があります。

　ちなみに、（30）の表は他にも様々なことを教えてくれます。名詞や形容動詞では基本形、つまり終止形で「〜だ」となっているのに対し、修飾形、つまり連体形では、名詞では「〜の」となり、形容動詞では「〜な」となっています。

「だ」は英語の be 動詞に相当し、コピュラと呼ばれますが、古語の「なり」に相当するので、断定の助動詞と言ってもいいでしょう。名称はともかく、この「だ」が、現代日本語で唯一、終止形と連体形で違う形を示す例です。名詞と形容動詞は変化のパターンが非常に似ていますが、修飾形だけは別です。ここでは名詞では「～の」が現れ、形容動詞では「～な」が現れるように、差が出ます。これが名詞と形容動詞を区別する根拠となります。

　古語を基にして現代語を分析する矛盾として、連体形と形容動詞を見ましたが、もう 1 つ矛盾があります。それは連用形です。連用形は子音動詞では、「書き―ます」のようにイ段で終わります。しかし学校文法では、小さい「っ」で終わる時も連用形と呼びます。これは一部の過去形やテ形の時に現れる、以下のような形です。（過去形については、3 章で詳しく話します。）

（31）待った、待って、立った、立って、乗った、乗って

これを、例えば「待っ―た」と分け、「待っ」の部分を連用形と呼ぶわけです。これは「待ち―ます」の「待ち」とは違うのに、なぜ連用形と呼ぶのでしょうか。理由はもうお馴染みの、古語を基に考えているからです。古語では「待った」、「待って」はそれぞれ「待ちたり」、「待ちて」と、イ段で終わっていました。これが現代語の「待っ」を連用形と呼ぶ理由です。「書か、書き、書く、書け」のように形が違えば、違う名称で呼ぶのが活用形の基本的考えのはずです

が、ここでは形が違うのに同じ名称を使い、矛盾しています。なお、「貸した」、「貸して」のように、イ段が現れる動詞があることは、「待っ」を連用形と呼ぶ根拠にはなりません。一部の動詞でも、「待っ」のように形が違っていれば、別の名称を用いなければならないのです。これは丁度、古語において、終止形と連体形が、五段動詞や一段動詞では区別できなくとも、全体として終止形と連体形を区別しない根拠にはならないのと同じ理由です。

　ちなみに、ローマ字を使った分析では、「待った」は非常にシンプルに分析されます。「待つ」は mat-u と分析され、語根は mat- です。これに過去の接尾辞の -ta がついて、mat-ta となります。「乗る」などでは、音の変化が起こって、説明がやや複雑になりますが（3 章で扱います）、「待つ」に関しては、接尾辞が語根に直接ついたと説明されます。これまでの「書かない」、「書きます」、「書く」、「書けば」では母音を入れるかどうか、子音を入れるかどうか、という問題をあれこれ考えましたが、「待った」ではそのような追加的操作が不要で、mat-ta のように接尾辞が、子音で終わる語根に直接つく、という分析への強い証拠を提示します。さらに、3 章 5 節では過去形の様々な規則が、語根の最後の音に基づいていることを見ますが、これも語根の概念なしでは得られない説明です。

　以上、古語の文法を現代日本語に拡大することの矛盾を見てきました。西洋では、本来合わないものを無理やり合わせることによる不合理を、ギリシア神話にちなんで「プロクルステスの寝台（Procrustean bed）」と呼びます。プロク

ルステスは盗賊ですが、捕らえた旅人を寝台に寝かせ、もし相手の体が寝台からはみ出したら足を切断し、逆に体の方が短かったら、寝台に合うまで足を引き伸ばしました。目下の問題では、寝台が古語で、かわいそうな旅人が現代語に相当します。もちろん、正しいやり方は、人間に合わせて寝台を作ることですが、これが、現代語のことを最優先に考えて文法を作る、共時的視点ということになります。

　現代日本語の文法が、古語を意識する余り、矛盾を含むことになった結果、どうなったでしょうか。気の毒な子供達は、学校で習う文法が矛盾していると思っても、それを先生に質問すると「そんな余計なことは考えるな」と言われてしまいます。より深く、論理的に考える生徒ほど、こうした仕打ちを受けます。その結果、長いものには巻かれろ、学校で習うものには疑問を差しはさまず、そのまま覚える、ということが横行します。そうした方が、テストでいい点が取れるからです。しかしこれでは主体的にものを考える人間は育ちません。主体的な人間の育成を教育改革の目標に掲げるなら、学校文法の改革もぜひ考えてほしいものです。

2 章　派生、複合、意味変化

⚘ 1　はじめに

　1章の冒頭で、語彙の小さな変化と大きな変化を区別しました。小さな変化では「読む」が「読まない」や「読みます」に変わったのですが、これを屈折と呼びました。屈折では品詞は変わらず、「読む」も「読まない」も「読みます」も全て動詞です。一方大きな変化である**派生**では、品詞が変わり、例えば動詞の「読む」から名詞の「読み方」ができました。他にも、「子供」を基に「子供っぽい」を作ると、品詞は名詞から形容詞に変わっています。この変化も派生です。派生は毛虫がさなぎや成虫に変身するようなものです。この章ではまず日本語の派生を詳しく見ていきます。

　派生の後は、別の種類の語彙変化を見ます。例えば「子供」と「食堂」が合わさると、「子供食堂」という新しいことばができます。これを**複合**と言います。複合では、それぞれ単独でも用いられる語彙が合体します。また人間と同じで、語彙も時間の経過とともに年を取ります。そして加齢とともに、変化が起こってきます。本章ではそうした語彙の変身、合体、加齢を順に見ていきます。

♆ 2 語彙の変身：派生

　日本語の派生では、主に接尾辞を使います。接尾辞は前章でも出ましたが、語根の右側につくもので、それだけでは単独では使えません。「読み方」の「方」も「人」の意味では単独でも使えますが、「方法」の意味では単独では使えません。よって「読み方」は、「読む」に接尾辞「方」がついてできた、派生語ということになります。厳密に言うと、前章のローマ字による動詞の表記を使えば、「読む」の語根はyom- で、それに kata がつくと yom-kata となり、子音の連続が起こるので、それを回避するために i が入って、yom-i-kata ができる、というわけです。

　動詞に接尾辞がついて、名詞を作る派生は、「読み方」の他には「書き手」、「話しぶり」のようなものがあります。それぞれ動詞に「〜する人」を意味する「手」と、「〜する様相」を意味する「ぶり」がついて、名詞を作っています。なお、動詞の「釣る」から名詞の「釣り」を作るような過程は、後で扱います。

　形容詞を名詞に変える接尾辞もあります。代表的なのは「さ」で、「高さ」などで見られます。形容動詞にも、「静かさ」のようにつきます。また、存在しないという意味の「ない」は、形容詞と同じように屈折しますが、以下のように「さ」をつけることができます。

（1）お金のなさ、アリバイのなさ

「ない」には、存在しないという意味の他に、動詞について

否定の意味を持つこともあります。この場合でも「さ」はつきます。

(2) a. ものの知らなさ、納得の行かなさ
　　 b. 赤ちゃんのしゃべれなさ
　　 c. 努力の報われなさ

(2a)では「ものを知らない」、「納得が行かない」という述語に「さ」がつき、(2b)では可能形の否定形を含む「赤ちゃんがしゃべれない」に「さ」がついています。(2c)では受け身形の否定形を含む「努力が報われない」に「さ」がついています。

　「さ」の他に、「み」も形容詞について、名詞を作ります。例えば「高み（を目指す）」や「深み（にはまる）」などです。「さ」がほぼ全ての形容詞と形容動詞につくのに対し、「み」は限られた 30 程の形容詞にしかつきません。例えば「静か」という形容動詞を基に、「静かさ」は作れますが、「*静かみ」は言えません。

　「み」について 1 つ注目すべきことは、近年 SNS（ツイッター）で従来見られなかった、新しい「み」の用法が観察されるようになってきていることです。

(3) a. ねむみ、やばみ、しんどみ、良さみ
　　 b. わからなみ、行きたみ、飲みたみ、肌寒み
　　 c. お父さんみ、サイコパスみ、天使み、雄み、
　　　　キムタクみ

49

d.　分かりみ、ラブみ、チャラみ

（a）は形容詞に「み」がついたものですが、「高み、深み」
と比べて、年齢の高い（SNSを普段使わないような）人は
言わないような表現です。最後の「良さみ」では「さ」が余
計に入っています。他のように形容詞の語根（「良い」から
「い」を除いた部分）に「み」をつけると、「良み」となり、
短すぎるため、「さ」が入ったと思われます。これについて
は、3章2節を参照してください。（b）では、語根に接尾辞
がつくなどして、語根＋接尾辞のように複雑になった部分に
「み」がついています。それぞれ「わからない、行きたい、
飲みたい、肌寒い」ですが、「い」で終わっていることか
ら、これらは形容詞として変化します。（c）では名詞に
「み」がついています。最後の「キムタク」は固有名詞が使
われています。（d）ではそれぞれ動詞、外来語、擬態語に
「み」がついています。このような新しい「み」はなぜ出て
きたのでしょうか。理由の1つに、今のご時世を反映して、
断定を避け、相手を傷つけたり自分が傷つけられたりしない
効果があります。「み」は緩いイメージがあります。他に
も、不快な感情を発散する効果もあるのでしょう。
　漢語では、形容詞から名詞を作る接尾辞はあるでしょう
か。例えば「大衆性、庶民性」を考えます。これらは、「大
衆、庶民」という名詞に「性」がついています。しかし意味
的には「大衆的、庶民的な度合い」ということなので、形容
詞に「性」がついているとも考えられます。漢語は品詞の判
定が難しく、「大衆、庶民」だけでも形容詞となっているの

か、あるいは元は「大衆的、庶民的」に「性」がついて、「的」は消えているのか、はっきりしません。みなさんも考えてみてください。

　次に動詞を作る接尾辞を見ます。最初は形容詞から動詞を作る「まる」と「める」です。

(4) a. 高まる、高める
　　 b. 深まる、深める
　　 c. 広まる、広める

「まる」は「気持ちが高まる」のような自動詞を作り、「める」は「気持ちを高める」のような他動詞を作ります。しかしこれは全ての形容詞につくわけではなく、「低い」、「浅い」という程度が小さい意味を表す形容詞にはつきません。「せまい」にはつきますが、「せばまる」、「せばめる」のような語根の音が少し変わります。また意味変化も起きていて、例えば「広める」は噂や慣習のことで、物理的な広さを拡大することではありません。よって「*増築で家を広める」は言えません。一方で「薄まる」では程度が小さい意味の形容詞が動詞になっています。

　「まる」と「める」の他にも、「がる」と「げる」があります。例えば「広まる、広める」に加えて、「広がる、広げる」があります。（この２つのペアはどのように意味が違うか、考えてみてください。）同様な４人組（カルテット）に、「からまる、からめる、からがる、からげる」があります。ただし使用には個人差があります。

「まる」、「める」、「がる」、「げる」はさらに細かく分ける
ことができます。音の構成を細かく見るためにローマ字を使
うと、maru, meru, garu, geru となり、自動詞で aru、
他動詞で eru の部分が共通しています。このパターンは、
その他の多くの自動詞と他動詞に組み合わせでも見られま
す。例えば「上がる / 上げる」「閉まる / 閉める」などで
も、agaru, ageru, simaru, simeru と、自動詞で aru、
他動詞で eru が出てきます。これについては、4章2節で
扱います。

　動詞を作る他の接尾辞として、「る」があります。これは
「太る、弱る」のように、形容詞の語根について動詞を作り
ますが、数は多くありません。その他、名詞につくこともあ
り、これは造語力があります。名詞につく「る」は従来は外
来語のサボタージュを基にした「さぼる」などに限定されて
いたのですが、現在は「皮肉る、事故る」のように外来語で
はない名詞にも広がっています。ただし、これらは正統な用
法とはみなされず、話しことばに限定されているようです。
また「る」は人名の後について、「〜のような振る舞いをす
る」の意味の動詞を作ることもあります。これは「江川る」
が始まりだったような記憶があります。また「チクる」は擬
態語についた例です。「る」は流行に対応しやすい特徴があ
るようで、タピオカがはやると、「タピる」という言い方が
できました。これらは皆、話しことばに限定されているよう
ですが、「くもる」や「宿る」は例外的に、標準的に使われ
る、名詞に「る」がついた例です。社名からできた「ググ
る」もよく使います。これは市民権を得つつある感じです。

　さらに、単発的な例として、「悲しむ、大人ぶる、春め
く」があります。「悲しむ」では形容詞に「む」がついて自
動詞を作っています。「大人ぶる、春めく」は名詞に接尾辞
がついて、動詞になった例です。「ぶる」は「いい子ぶる」
でも出るので、なりたい人を表す名詞につくのでしょう。ま
た漢語で動詞を作る接尾辞は「化」で、「中央集権化」など
が例です。この後に「する」を伴って、動詞として使いま
す。この「化」は用法を広げていて、「デジタル化」では外
来語についています。

　次は形容詞を作る接尾辞を見ます。代表的な例は「っぽ
い」です。

（5）子供っぽい、ほこりっぽい、おこりっぽい

最初の2つの例では名詞につき、最後の例では動詞について
います。意味的には、「子供っぽい」は大人について、例
えば「お父さんは子供っぽい」のように言ったら、「っぽ
い」は本来の「子供」の定義を緩める働きがあります。逆に
子供に対して「子供っぽい」を使うと、「典型的な子供」の
ように意味を狭める働きがあります。

　形容詞を作る接尾辞の他の例としては、名詞につく「男ら
しい」、動詞につく「読みやすい、読みにくい」があります。また外来語や漢語には「イタリア風、近代的」などがあ
ります。

　以上、品詞を基準に、名詞、動詞、形容詞を作る接尾辞を
順に見てきました。ここまでの話で、ある共通点がありま

す。それは右側にあるものが、品詞を決めている、ということです。「高さ」は名詞、「高まる」は動詞、「子供っぽい」は形容詞ですが、それぞれ下線部を引いた、右側にある接尾辞が、品詞を決めています。品詞を変える接尾辞を集めて話をしたので、それは当たり前ではないか、と思うかもしれません。しかし、接尾辞が2つある場合でも、やはり右側、正確に言えば一番右側の接尾辞が、品詞を決めます。例えば「子供っぽい」は形容詞なので、それを基に今度は名詞を作ってみます。すると「子供っぽさ」となり、右側についたものが品詞を決めています。以下の例でも同様です。

（6）a. 行く（動詞）
　　　b. 行き<u>たい</u>（形容詞）
　　　c. 行きた<u>がる</u>（動詞）

「行く」は動詞ですが、「たい」がついて「行きたい」となると形容詞です。これを変化させると、「行きたい、行きたくない、行きたかった」となり、形容詞の変化である「高い、高くない、高かった」と同じパターンを示すことから、形容詞だということがわかります。そして「行きたい」に「がる」をつけると、今度は動詞にもどります。（6a）から（6b）、そして（6b）から（6c）への変化のいずれも、右側の接尾辞が品詞を決めています。
　英語でも同じような特徴があります。上で日本語の「子供っぽさ」のできる過程を見ましたが、それに対応する英語でもほぼ同じことが起きます。

(7) a. child（子供、名詞）

　　b. child<u>ish</u>（子供っぽい、形容詞）

　　c. childish<u>ness</u>（子供っぽさ、名詞）

child に接尾辞 ish がつくと形容詞になり、childish に接尾辞 ness がつくと名詞になります。右側に来たものが品詞を決めていて、これは日本語の時と同じです。よく耳にする「グローバリゼーション」も元は globe（地球）という名詞からできています。過程を詳しく見ると、以下の 4 段階を経ています。

(8) a. globe（地球、名詞）

　　b. glob<u>al</u>（地球的規模の、形容詞）

　　c. global<u>ize</u>（地球的規模にする、動詞）

　　d. globaliz<u>ation</u>（地球的規模にすること、名詞）

どのステップでも、右側に来た接尾辞が、新たな品詞を決定しています。

　日本語と英語は、文の要素については順序が逆のことが多いのですが、語の中の要素の順番は共通しています。そしてこれは日本語と英語を超えて、かなり多くの言語で見られる特徴です。これは以下のような**右側主要部の規則**として知られています。

(9) 右側主要部の規則

　　語の中では、右側に来た要素が、その語の性質を決め

る。

　主要部とは、構成員の中で一番重要なもののことで、グルー
プの代表と考えていいでしょう。ここまで右側に来た接尾辞
が、品詞を決めると言ってきましたが、(9)では右側に来た
要素が、性質を決めると変わっています。これは複合語も考
慮しているからです。
　　複合語とは、「家庭教師」のように、語と語が合わさって
できた語のことです。次節で詳しく見ますが、(9)の右側主
要部の規則との関連で、ここで簡単に触れます。「家庭教
師」は名詞ですが、元の「家庭」も「教師」も名詞なので、
どちらが品詞を決めているのか、はっきりしません。そこで
品詞の他に、意味を考えます。家庭教師は教師の一種です
が、家庭ではありません。つまり、「家庭教師」の意味は、
右側にある「教師」が決めている、ということです。これ
が、品詞と意味を合わせて、(9)で「性質」という言い方を
している理由です。そして「要素」ですが、これは接尾辞に
限らず、語も含めています。複合語では、右側も左側も語だ
からです。
　　ここまで、語根の右側につく接尾辞を見てきましたが、左
側につくものもあります。これは語頭につくので、**接頭辞**と
言いますが、以下のような例があります。

(10) お金、真水、小皿

「お、真、小」は単独では用いず、常に他の要素の頭につく

ので、接頭辞です。意味的には、「真水、小皿」はそれぞれ水、皿の一種なので、右側の要素が意味を決めていて、(9)の右側主要部の規則にしたがっています。また「か弱い、か細い」では、「か」という接頭辞が形容詞についています。これも全体で形容詞のままなので、右側主要部の規則にしたがっています。

　接頭辞は漢語にもあります。

(11) 非常識、無関心、未解決

漢語を反対の意味にする時は、「非、無、未」をつけますが、これらは単独では用いないので、接頭辞です。品詞についてはどうでしょうか。「常識」は名詞ですが、「非常識」は、「非常識な人」のように形容動詞です。つまり品詞が変わっているのですが、これは左側についた要素が、語の性質（この場合は品詞）を決めているので、(9)の右側主要部の規則に合っていない、ということになります。(11)の他の例も同様ですが、右側主要部の規則は必ずしも、常に守られている規則、という訳ではありません。どのような場合に右側主要部の規則が破られるのかについての研究は、今も続けられています。

　派生の種類で紹介する最後は、接尾辞も接頭辞もなく、派生が起こる例です。これは「転換」あるいは「ゼロ派生」と言います。英語では fear, hope などがあります。これらは本来は動詞ですが、そのままの形で名詞としても使えます。日本語では、連用形名詞が転換の例となります。例えば「釣

る」という動詞の連用形の「釣り」が、そのまま名詞になる用法です。品詞としては名詞ということははっきりしているのですが、具体的な意味としては、非常に多彩です。

　まず連用形派生名詞はいくつかの抽象的概念を表します。

（12）行為・出来事：笑い、ゆれ、泳ぎ、争い
　　　　程度（〜がいい）：聞こえ、切れ、育ち
　　　　結果状態：へこみ、詰まり、負け、反り

また具体的なものを表すこともあり、その意味も多様です。

（13）内容：考え、思い、悩み
　　　　結果産物：包み、（お）握り、蓄え
　　　　動作主：すり、見習い、見張り
　　　　主体：支え、助け、流れ
　　　　道具：はかり、はたき、測り
　　　　対象：つまみ、差し入れ、知り合い
　　　　場所：通り、果て、流し、住まい

　意味の問題を考える言語学の分野は意味論といいますが、形態論と同様に意味論にも、多くの説明の道具があります。その1つが、比喩の一種である換喩（メトニミー）です。これは別のものに置き換えた意味を持つ、ということですが、例えば「漱石を読む」のような例です。夏目漱石は人間であり、そもそも生きていないので、それを「読む」ことは不可能です。この例では「漱石」という作家だけで、その作

家が書いた作品を指しています。これが換喩ですが、同様に「はかり」でも、本来は計る動作を表すのですが、それが換喩により、計る時に使う道具を意味するようになった、と考えることもできるでしょう。もっとも、漱石の場合は、「漱石が好き」と言えば人物を指すこともできるので、換喩は起きないこともあるのに対し、「はかり」は常に道具を指します。つまり常に換喩が起こるのですが、これは意味が固定化していることを示しています。換喩が起こったとすれば、「はかり」という言葉が成立した際に起こったということで、その後はその意味が固定化した、という説明になります。

♆3　語彙の合体：複合

　先に頭出しで触れましたが、「家庭教師」のように語と語を合わせてできた語のことを**複合語**と言います。2つの語が合わさって1つの語ができたということですが、そもそも何をもって「1つの語」とみなすのでしょうか。

　ここで「戦争の話」と「戦争話」を比べます。「戦争の話」は助詞でつなげられた2語で、「戦争話」は1語の複合語です。この根拠として2つの音の基準があります。まず「話」の発音について、「戦争の話」では「はなし」ですが、「戦争話」では「話」は「ばなし」と、最初に濁点がつきます。これは連濁と言って、詳しくは次章で説明しますが、連濁は2つの語が密接にくっついている証左とみなされ、連濁が起こっている「戦争話」は1語の複合語と判定されます。もう1つの基準がアクセントです。これも次章で詳し

く説明しますが、日本語のアクセントとは、音の高さが下がることです。つまり音の高低が重要で、この点で強弱が重要である英語のアクセントと異なります。各語彙のアクセントは方言差がありますが、標準語（東京アクセント）では単独で発音すると、「戦争」も「話」も音が下がる部分がありません。そして「戦争の話」となっても、この点は変わりません。しかし「戦争話」では事情が異なります。「せんそうばなし」の「ば」のところで、音が下がります。これは単独の語の時と比べて変わっているので、語が合わさって 1 つになった、という証拠となるわけです。

　日本語は複合語が質、量とも豊富で、研究のテーマも多くあります。まず品詞の観点からですが、名詞、動詞、形容詞で複合語があります。詳しく述べますと、（9）で見た右側主要部の規則にしたがい、右側に来た語の品詞が、複合語全体の品詞を決めますが、その右側には名詞、動詞、形容詞の品詞が現れます。

　まず複合名詞から見ます。先に出た「家庭教師」も「戦争話」も、名詞＋名詞ですが、他にも多くの組み合わせがあります。

（14）複合名詞
　　　ハブラシ、早足、ゆで卵、本読み、優良株

「ハブラシ」は名詞＋名詞ですが、右側は外来語です。「早足」は（和語の）形容詞＋名詞で、「ゆで卵」は動詞＋名詞です。「本読み」は名詞＋動詞のように見えますが、「読み」

の部分は先に見たような連用形名詞になっています。よって
名詞＋名詞の例となります。「優良株」は形容詞＋名詞です
が、ともに漢語です。「本読み」のように、動詞に由来する
複合語には様々な問題があり、その意味については本節の後
ほどで説明します。そしてその音の問題は、5章4節で詳
しく話をします。

　次は複合動詞です。以下のような例があります。

（15）複合動詞
　　　血走る、押し倒す、近寄る、不便過ぎる

「血走る」は名詞＋動詞、「押し倒す」は動詞＋動詞の組み
合わせです。「近寄る」の左は形容詞（近い）か名詞（近
く）かはっきりしませんが、右は動詞です。「不便過ぎる」
は形容動詞＋動詞の例です。なお、動詞＋動詞の複合動詞
は、4章4節で詳しく話をします。

　次は複合形容詞です。以下のような例があります。

（16）複合形容詞
　　　口ぎたない、細長い、蒸し暑い

「口ぎたない」は名詞＋形容詞、「細長い」は形容詞＋形容
詞、「蒸し暑い」は動詞＋形容詞の組み合わせです。「細長
い」は「長細い」と順序が逆でも言えます。

　複合語の証として、連濁があると上で述べましたが、連濁
の例は多くあり、戦争話の他には以下のようなものがありま

す。

（17）落ち葉、日傘、花火、あめ玉

ここでは右側の語は元は「は、かさ、ひ、たま」ですが、複合語の中では濁点がついて「ば、がさ、び、だま」となっています。連濁については 3 章 4 節で詳しく話をします。
　連濁の他にも、複合語で起こる音の変化があります。以下を考えます。

（18）船乗り、雨宿り、爪先、酒屋

ここでは、左側の語は元は「ふね、あめ、つめ、さけ」ですが、複合語の中では「ふな、あま、つま、さか」となっています。共に、最後の音が工段からア段に変わっているのですが、これも複合語の証です。
　新語がどんどんできるのも、複合語の特徴です。新語はもちろん、単独の語でもできます。新語は流行や技術革新を敏感に反映するのですが、複合語では以下の例があります。

（19）ネットカフェ、婚活、終活、振り込め詐欺

インターネットが登場し、本来は「網」しか意味しない「ネット」がその略語として定着すると、その設備がある施設が「ネットカフェ」と呼ばれるようになりました。「〜活」は多くの語が存在しますが、元々は「就職活動」を略した「就

62

活」だけでした。それが 2000 年代に「婚活」という言い
方が定着するようになると、様々な活動に応用され、「終
活」のような、本来の「就活」と同じ発音の語まで登場しま
した。詐欺行為も、最初は「オレだけど」という決まり文句
があったので「オレオレ詐欺」と言われていたのですが、こ
のセリフが詐欺側の対策のため使われなくなり、詐欺の手口
で口座振り込みが増えると「振り込め詐欺」と名前が変わり
ました。その後手口が多様化するようになると、単に「詐
欺」となり、今日に至っているようです。

　新語の他にも、複合語には意味の柔軟さがあり、状況に応
じた意味をもたらします。例えば「きつねうどん」は、きつ
ねの肉が入っているのではなく、油揚げが入っていることを
言いますが、これはうどんの典型的な具に対応した表現で
す。「花見」は、どんな種類の花でもいいのではなく、桜に
限定されます。これも日本人の風習に合わせ、あえて桜と言
わなくても済む前提で、生まれた表現です。

　意味が変化した結果、類似した多くの複合語に使われる語
もあります。以下を考えます。

(20) 野菜ソムリエ、俳句甲子園

「ソムリエ」はワインの専門家ですが、それが食材の専門家
と意味が変わり、「野菜ソムリエ」のような言葉ができま
す。ここでは「～ソムリエ」として、「～の食材の専門家」
というように、応用ができます。同様に甲子園は本来は高校
野球の全国大会のことで、これ自体、場所をイベントの意味

に使う点で意味が変わっていますが、それが野球に限定され
ない用法が広まっています。「〜甲子園」として、「高校生
の〜の全国大会」の意味で、様々に応用されます。これらは
意味が広くなる方向に変化した例ですが、意味変化について
は、次節で詳しく扱います。（20）は複合語の中で語の意味
が柔軟に拡大した例ですが、実態が変わったのに、複合語自
体には変化がなく、結果として意味が変わった例がありま
す。「歯磨き粉」は元々は粉末だったのでこの名前がついた
のですが、現在は練り状（ペースト）です。しかし名称は固
定しているため、「粉」と言っても実際は粉ではないという
状況です。

　複合語の中には、接尾辞や接頭辞を含む派生と区別しにく
いものもあります。以下はどうでしょうか。

（21）書き手、読み手

「〜手」は「〜する人」として、多くの語がありますが、こ
の「手」は語でしょうか。それとも接尾辞でしょうか。単独
では手は体の一部ですが、「書き手」では「〜する人」の意
味が変わっています。加えて様々な動詞につくので、「手」
を接尾辞と分析することもできますが、意味が変わったり、
多くの語に応用できるのは、上で見た「俳句甲子園」という
複合語でも同様です。さらに以下のような表現もあります。

（22）手が足りない、手を貸す

ここでは「手」は体の一部ではなく、労働力、助けの意味です。単独でも「手」にはこうした意味があるので、「書き手」の「手」も語であり、「書き手」は複合語と考えることもできるでしょう。

　同様に接頭辞か語か判別しにくい例もあります。

（23）素足、素顔、素肌、素潜り

ここで「素」は「そのままの」という意味で、多くの語につき、接頭辞のように見えます。問題は「素」を単独で使うかどうか、ということですが、「素をさらけ出す」というような用法があります。この用法は、話者により使い方に差があるようですが、「素」をこのように単独で使用する話者にとっては、（23）の例は複合語となります。一方「素」を単独で使用しない話者にとっては、（23）の例は接頭辞を含んだ派生語ということになります。なお、「素顔」では連濁が起こっていて、これが複合語の証拠だと思うかもしれません。しかし（10）で見た「小皿」でも連濁は起きています。「小」は単独では用いないので、「小皿」は接頭辞を含む派生語ですが、連濁はこのような例でも起こります。上で「連濁は複合語の証左」と言ったのは、「戦争話」では、2つの語が合わさって、1つの語になった証拠だ、という意味です。

　ここまで見た複合語は、左の語と右の語の間に、非対称的な関係がありました。例えば「ゆで卵」には修飾と被修飾の関係があり、「本読み」には動詞と目的語の関係があります。これに対し、2つの語が対等の関係にあり、並列の意味

を持つ複合語もあります。例えば「親子」は親と子という意味です。並列の複合語は、品詞により以下のように分類されます。

(24) 並列複合語
 a. 名詞：親子、草木
 b. 動詞を基にした名詞：読み書き、貸し借り、
   売り買い、行き来
 c. 形容詞：細長い、長細い
 d. 動詞：泣き叫ぶ、飛び跳ねる、忌み嫌う

この中で、動詞を組み合わせた(24d)は、似たような意味の語が2つ合わさっています。

 並列複合語は、(9)で見た右側主要部の規則に合致しません。そもそも主要部がないと思われるのです。「親子」では「親」と「子」が、対等に意味や品詞を決めていて、どちらが主か、ということは決められません。

 なお、英語には poet-doctor のような表現があり、これは「詩人兼医者」という意味ですが、日本語の並列複合語とは違い、同じ人間が2つの役割を兼ね備えている、という意味です。「詩人と医者」という意味ではないことに注意してください。日本語にもなっている、singer-song-writer（シンガーソングライター）も、歌手と曲作りを一緒にする人のことです。こうした表現は日本語にはほとんどないようですが、「オーブントースター」がこの候補です。この商品は日本で開発されたようで、この言い方は和製英語なのです

が、オーブンとトースターを兼ねた器具です。なおこの商品は英語に逆輸入され、toaster oven と逆になって呼ばれるようです。

　複合語と右側主要部の規則の関係の話の流れで、別の種類の、右側主要部の規則の違反（あるいは違反に見える）の例を見ます。

（25）ケータイ、コンタクト

これらは「携帯電話、コンタクトレンズ」の略ですが、右側の語が省略されています。その結果、主要部がなくなり、修飾している部分だけが残っています。つまり、ケータイは電話の一種なのですが、肝心の「電話」の部分が、「ケータイ」では消えているのです。このような事態になっても、全く支障は生じませんが、それはケータイという言葉の使用頻度が理由です。よく使う言葉なので、何を指すかが確立しているのです。実際、携帯電話以外で携帯するものと言えば、思いつくのは携帯燃料か携帯トイレくらいでしょうか。また情報の価値としても、右側の主要部よりも、左側の修飾語の方が重要かもしれません。電話の種類として携帯と固定しかないとすれば、「ケータイ」と言うだけで、どちらを指すかがわかるということです。「コンタクト」も、これだけでは本当は「接触」という意味ですが、コンタクトに続く言葉としてほぼレンズしかないため、「レンズ」がなくても大丈夫なのでしょう。他にも「コンタクトレンズ」では長すぎる、ということもあるかもしれません。

なお、このような主要部の省略は即興でも起こります。「きつねうどん」を「きつね」と略す時などです。例えばうどんしか出さない店で、「きつね下さい」と言っても、きつねそばと間違われる心配はありません。なお、これは関東の事情ですが、きつねそばが存在しない関西では、「きつね」だけできつねうどんを指すことが確立しているようです。

　関連して、英語の killer whale を考えます。これはシャチを意味しますが、不思議な言葉で、いくつかの分析が可能です。シャチはクジラを殺して食べるので、killer whale は左の killer（殺人者）が主要部のように見えます。そうなら右側主要部の違反なのですが、英語の whale はシャチも含むようです。そうなら、killer whale は右側が主要部で、killer はそれを修飾していると考えられます。しかし同時に、killer は殺人者という意味なので、killer whale は上で見た singer-song-writer（シンガーソングライター）のような、並列複合語とも分析できます。

　次に「本読み」のような、名詞と、動詞を基にした名詞から成る複合語を見ます。ここでは右側が動詞の連用形で、左側はその動詞の目的語という関係をもっています。以下ではそうしてできた複合語の意味について見ます。

　動詞は基本的に動作を表すので、その動詞からできた名詞が右側の主要部にある「本読み」が、動作を表すのは自然でしょう。他にも「ゴミ拾い、雪かき」は動作を表します。しかし「爪切り」は普通は爪を切ることではなく、爪を切る道具を指します。また「物置」は、物を置くことではなく、物を置く場所を指します。（12）と（13）で、単独の連用形名

詞は様々な意味を持つことを見ましたが、目的語の名詞と連用形名詞から成る複合語も、様々な意味を持ちます。

(26) 行為：金魚すくい、窓拭き、子育て
　　　人物：相撲取り、人殺し、羊飼い
　　　道具：爪切り、ねじ回し、ひげ剃り
　　　特徴：金持ち、うそつき、風呂好き
　　　場所：水たまり、車寄せ、足がかり
　　　時：夜明け、日暮れ、年明け

他にも「肌荒れ」は一時的な状態を表します。上の「風呂好き」のような「特徴」も状態ですが、一時的というよりは、もっと時間の長い状態を指します。また「地滑り、崖崩れ、雪解け」は現象を指します。ここでは、左側の要素は動詞の主語になっています（雪が解ける、など）。さらに「卵焼き」は、卵を焼いた結果できたものを表します。これと「ゆで卵」を比較すると面白いでしょう。これはゆでた卵であり、「ゆで卵」という言い方は自然なのですが、この発想でいけば、卵焼きも、本当は「焼き卵」となるはずです。そうとはならず、連用形名詞を使って「卵焼き」と言うのです。他にも「猫いらず」では、否定を意味する「ず」が入っています。これはネズミの駆除に使う道具（薬剤）ですが、ネズミ退治に昔は猫を使っていたのが、これを使えば猫がいらない、という発想からできた、しゃれのきいた言葉です。「役立たず」も同じく否定が入っていますが、これは人を指します。

（26）は左側に動詞の目的語が来る複合語の例ですが、左側に修飾語が来る複合語もあり、以下のような意味を持ちます。

（27）行為：日焼け、のり付け、立ち読み
　　　状態：黒こげ、みじん切り、レンガ作り

例えば日焼けは「日に焼ける」、立ち読みは「立ちながら読む」「黒こげ」は「黒くこげる」ということで、動詞と目的語の関係ではありません。目的を含む（26）では様々な意味があったのですが、修飾語を使った（27）では、意味は行為と状態の2つに限定されます。行為の場合は「する」を伴い、状態なら「だ」や「の」を伴って、以下のように使われます。

（28）a．日焼けする、立ち読みする
　　　b．この肉は黒こげだ、黒こげの肉

　以上、動詞の連用形を基につくった複合語は、様々な意味を持つことを見ました。これらの特徴の1つは、本来は動作を表す動詞が、ものを表す名詞になった、ということです。「はかり」や「爪切り」がその例ですが、興味深いことに、その逆のことが起こることがあります。以下を考えます。

（29）張り紙、編み物、置き手紙、深酒

これらは右側の主要部が名詞ですが、ものを表すとは限りません。「〜をする」のように使い、動作を表します。「張り紙」は、「張り紙を見る」のようにものとしても使えますが、他はものとしては使えないようです。「編み物」は編んだ結果できたものを指せると思うかもしれませんが、でき上がったものは普通セーターやマフラーなど、具体的な名前を使うので、「編み物を身につける」とは言わないでしょう。「深酒」となると、これは酒の種類を表すのではないのは明らかで、酒の飲み方を表します。

　(29)は主要部が名詞で、動作を表す例ですが、主要部が名詞で、状態を表す例もあります。

(30) 太っ腹、強気、小心

これらは「〜な人」のように使い、人の性格や様相を表します。さらに「太っ腹」は文字通り腹が太いのではなく、気前のいいことを、比喩的に表現しています。

　同様な例は、英語でもあります。

(31)　blue-eyed（青い目をした）、warm-hearted（心
　　　の暖かい）

これはそれぞれ blue eye, warm heart という名詞に ed がついて、人の特徴を表す形容詞になった例です。(30)と(31)の比較で気づくのは、英語は ed という接尾辞がつくのに対し、日本語では（少なくとも目に見えるような）接尾

辞はない、ということです。

👄 4　語彙の加齢：意味変化

　人間と同じで、語彙も時と共に変化します。語彙はどのように変化するでしょうか。音と意味の2つの点で変化します。音の変化としては、例えば古語の「聞きたり」が現代では「聞いた」に変わった例があります。ここでは語根が「聞き」から「聞い」に変わり、接尾辞が「たり」から「た」に変わっています。音の変化についての解説は、別の機会に譲るとして、本節では意味の変化についてお話しします。意味の変化は大別して4種類の方向があり、それは特殊化、一般化、向上、劣化です。以下で具体例を日本語と英語で見ていきます。

(32) 特殊化
　　　a.　花見、卵を食べる
　　　b.　deer, pork, hound

「花見」は前節でも見ましたが、どんな花でもいいわけではなく、桜の花に限定されます。「卵を食べる」でも鶏卵に限定されます。これは人の行動様式が、語の意味を限定した結果です。deer は元は動物全般の意味でしたが、今は鹿に特化されました。（なお現在「動物」を意味する animal はラテン語から英語に入ってきました。）pork も元はフランス語で豚の意味でしたが、英語に入った時に豚の肉に特殊化されました。hound も元は犬だったのが今は猟犬となってい

ます。(dog の語源は不明なようです。) つまり特殊化とは、元は広い意味を持つ言葉が、特定の特殊な意味しか持たなくなったことを指します。

　特殊化の逆が一般化で、意味が広くなることです。以下が例です。

(33) 一般化
　　　a. 茶碗、いらっしゃる、俳句甲子園、ググる
　　　b. bird

茶碗は、その字の通り、本来はお茶を入れるものですが、今は陶器全般を指します。そして場合によっては、ご飯を入れる容器に限定されます。この場合は、逆に特殊化が起こっています。そして元の、茶を入れる容器のことを今はどう呼ぶかというと、「湯のみ」と別の語を使います。これは連用形名詞を含む複合語が、道具を指すようになった例ですが、「湯のみ茶碗」から主要部が略された例とも考えられます。(上で「ケータイ」の例を見ました。) 意味の点でも少し変わっていて、湯のみは別にお湯でなくとも、お茶を飲む時に使います。「いらっしゃる」は本来は人の存在を表す「居る」の尊敬語で、以下の(34a)のように使います。

(34) a. 先生は二階にいらっしゃる。
　　　b. 先生が東京へいらっしゃる。
　　　c. 先生が東京からいらっしゃる。

しかし(34b)、(34c)のように使うこともあり、その場合は「いらっしゃる」はそれぞれ「行く、来る」の尊敬語として使われています。つまり用法が広がっています。bird は元は小鳥の意味でしたが、今は鳥全般を指します。複合語の話で見た「俳句甲子園」も一般化の例です。また「ググる」も同様で、検索するサイトはグーグルに限定されず、ヤフーで検索してもググると言います。

特殊化と一般化とは別の方向で、意味は良い方や悪い方へも変化します。良い方への変化が向上で、悪い方への変化が劣化です。向上の例は以下です。

(35) 向上
    a. 僕、すごい、やばい
    b. knight, nice

下僕という語に名残がありますが、「僕」は本来は奴隷を意味します。今は特に謙譲の意味は持たない（男の）一人称で使われます。「すごい」（古語は「すごし」）は元は「冷たい、恐ろしい」という意味でしたが、今は「すごく」という副詞では程度が大きい意味を持ち、「すごい」という形容詞としては驚くほど良い、という意味に使われます。「やばい」も同様で、本来は状況が危機的だという意味だったのが、今は肯定的な意味でも使われます。「やばい」の変化は最近のことで、今は悪い意味と良い意味が共存しています。2020 年の時点で 40 代以上の人では、「やばい」をいい意味で使うのは抵抗感がある人が多いでしょう。一方 30 代以

下ではほとんど抵抗感はなく、若い人の中には「やばい」が
かつては悪い意味しか持たなかったことを知らない人もいる
くらいです。knight は元は若者、家来の意味でしたが、品
格のある「騎士」を意味するようになりました。nice は元
は silly, foolish（ばかげた）の意味でしたが、今はいい意
味になっています。

　向上の逆は劣化で、以下が例です。

（36）劣化
　　　a.　君、貴様　　　b.　bloody

「君が代」に名残がありますが、「君」は本来は天皇を意味
します。それが今はくだけた間柄の2人称を指します。特
に悪い意味はないのですが、元が天皇を指していたので、意
味の劣化の例となります。先に「僕」は向上により今の意味
になったと述べましたが、「君」の変化は逆です。「貴様」
も考えてみれば不思議な言葉です。「貴」も「様」も、それ
だけなら相手を敬う表現です。それが2つ合わさり、「貴
様」になると、最初はいい意味だったに違いないのですが、
今は相手を威嚇するののしり言葉になっています。bloody
ものののしり言葉で、悪態をつく時に使います。blood はキ
リストの血とみなされ、英語圏ではこの言葉を発すること自
体が恐れ多く、はばかれます。だからこそ、口に出すと、そ
の慣習を破っているということで、ののしりの効果を生みま
す。これも意味の劣化です。英語ののののしり言葉は、他には
排泄物や性交に関わる言葉があり、排泄にまつわるののしり

言葉は日本語でも共通しますが、bloody は宗教的な背景があります。

　他の種類の意味変化として、比喩の一種である換喩があります。上で「漱石を読む」という例を挙げましたが、他には以下のような例があります。

（37）一杯飲む・やる、昼を食べる、種子島を使う

「杯」は容器なので飲むことはできないのですが、「一杯飲む」では 1 杯分の飲料を飲む、という意味になります。指す対象が置き換わっているので、これは換喩の例です。また「一杯やる」となると、飲酒を指します。「昼を食べる」でも、時間帯から食事への置き換えが起こっています。「種子島を使う」は戦国時代のドラマでよくある台詞ですが、伝来の地を使い、鉄砲を意味します。

　換喩に関係した表現として、婉曲があります。例えば「お手洗い」は手を洗う場所をもって、用を足す場所を表します。そしてこの「用を足す」も婉曲です。婉曲は多く（ほとんど全て？）の言語で、排泄、性器、性交に関わる言葉で用いられます。

　ここまで語彙の変化を見てきましたが、語彙の必携の伴侶である助詞も、同様に意味変化を起こします。助詞は典型的には名詞について、その名詞が文の中でどんな役割を持つかを教えてくれます。例えば「が」がついた名詞は主語だ、というような具合です。助詞を接尾辞と呼んでもいいのですが、本書では区別のため、このような機能を持つものを助詞

と呼びます。

　助詞には複数の意味があることが多いのですが、それは意味変化の結果です。具体的には、意味の変化が起こっても、助詞はもとの意味を保持することも多く、その結果複数の意味が出るのです。A → B ではなく、A → A ＋ B という変化です。たとえて言うなら、芸能人が、芸名を使いながら、別の場面では本名を使うようなものです。上では「やばい」が新旧の 2 つの意味を持つことを見ましたが、以下でいくつかの助詞の意味変化を見ます。

　助詞の意味変化で重要なのは、具体的な意味から抽象的な意味に変化する、という原則です。上の語彙の意味変化で、特殊化、一般化、向上、劣化などの種類があることを見ました。これらは変化の前も後も具体的な意味でしたが、助詞の意味変化では抽象的な意味が関わってきます。

　多くの助詞は複数の意味を持ちます。例えば以下を考えます。

（38）a. 東京から大阪まで
　　　b. 1 時から 5 時まで

この「〜から〜まで」は同じ用法と思われるかもしれませんが、具体的、抽象的な観点からすれば、（38a）の空間の用法は具体的なのに対し、（38b）の時間の用法は抽象的です。空間は物理的に存在しますが、時間というのは（哲学的になりますが）意識が作り上げた、抽象的なものです。そして具体的な意味から抽象的な意味に変化する、という原則によ

り、（38a）の用法が先で、その後で（38b）の用法ができたことになります。そして「から」はさらに意味変化が進み、3番目の理由の意味を持ちます。

（39）おかしい<u>から</u>笑う。

この理由の用法は、さらに抽象的になった例です。興味深いことに、英語の since も同様に以下のような2つの用法があります。

（40）a. I have been sick <u>since</u> yesterday.
（私は昨日<u>から</u>具合が悪い。）
b. <u>Since</u> he has come, let's start.
（彼が来た<u>から</u>始めよう。）

（40a）の since は時間的な起点で、（40b）の since は理由を表します。それに対応する日本語は「から」になっています。
　次は「と」です。以下を考えます。

（41）a. 太郎が花子<u>と</u>来た。　　b. 太郎<u>と</u>花子が来た。

ここでは同じ「と」が使われていて、2つの文は意味が似ています。意識したことはないかもしれませんが、この2つの「と」は関係があります。（41a）の「と」は付随の意味で、動作の主体は太郎です。一方（41b）の「と」は等位接

続の意味で、太郎と花子が同等の地位を持っています。また、時間差で二人が来た時、(41b)は言えますが、(41a)は言えません。このような意味の違いがある付随の「と」と等位接続の「と」ですが、どちらが元でしょうか。抽象度から考えても、判断は難しそうです。

　そこで別の観点から考えます。(41b)の「と」は等位接続の意味だと言いましたが、つなげられるのは名詞に限られ、動詞や文はつなげられません。

(42) a.　*私はご飯を作ったと食べた。
　　　b.　私はご飯を作って食べた。
　　　c.　私はご飯を作り、食べた。

(42a)は文あるいは動詞を「と」でつなげたものですが、非文法的です。正しくは(42b)や(42c)のように言わなくてはいけないのですが、なぜ「と」がつなげられるのは名詞に限られるのでしょう。それは付随の「と」が元にあったから、と考えれば説明がつきます。「〜と一緒に」という意味なら、必然的に名詞につくからです。つまり、(41a)の付随の意味の「と」が先で、それを基に(41b)の等位接続の意味の「と」ができたと考えられます。

　前の節で、英語には poet-doctor のような表現があり、これは「詩人兼医者」という意味で「詩人と医者」ではないということを見ました。これに関して、今の話の流れで、以下を考えましょう。

（43） a.　*彼は詩人と医者だ。

　　　 b.　彼は詩人で医者だ。

　　　 c.　詩人と医者が来た。

「詩人兼医者」という意味のつもりで(43a)を作りました
が、非文法的です。正しくは(43b)のように言わなくては
いけません。(43a)では「と」が名詞をつなげているのに、
なぜだめなのでしょうか。この理由も「と」の元の意味が付
随だということが関係してきます。述語で使うと、名詞でも
抽象的になります。例えば(43c)で「詩人」は主語として
使われていますが、これは具体的な人物です。しかし同じ
「詩人」でも、(43b)のように述語として使われていると、
具体的なものを指すのではなく、主語である「彼」について
の情報を与えています。このように述語として使われる名詞
は抽象的なのですが、その一方で、付随の意味は、具体的な
（物理的な）名詞を要求します。そのため述語の名詞は
「と」ではつなげられないのです。一方主語になれば具体的
な名詞ですので、(43c)のように名詞をつなげられます。
そしてこの場合はもちろん、2つの独立した物体がつなげら
れることになり、(43c)は二人の人間が来たという意味に
なります。

　これまで見た日本語のように、付随の意味と名詞の等位接
続の意味で、同じ語や助詞を使う言語は、中国語を含め多く
あります。そしてそれらの言語の研究から以下の変化が共通
していることがわかっています。

（44）付随 ＞ 名詞の等位接続 ＞ 何でも屋の等位接続

ここで A ＞ B の不等号は、A が先で、A から B ができた、
という意味です。最後の段階の「何でも屋の等位接続」とい
うのは、名詞に限らず、動詞や文もつなげられる、というこ
とです。（44）の 3 段階から見ると、日本語は第 2 段階の
「名詞の等位接続」に来ているということになります。日本
語の未来を予測するとすれば、今後第 3 段階になり、「と」
は名詞以外の動詞や文もつなげられることになるでしょう。
実は今の段階で、その萌芽が見られます。以下を考えます。

（45）a.　食べ過ぎると太る。
　　　b.　外に出ると雨が降っていた。

これらは恒常的あるいは一時的な因果関係や時間経過を記述
する、条件の意味の「と」で、単純な接続ではありません。
また「と」の前は現在形（終止形）に限定されます。例えば
（45b）は過去のことですが、「*出たと」とは言えません。
このような点から、（45）は（44）の第 3 段階の例とは言え
ないのですが、少なくとも見かけは動詞あるいは文をつなげ
ているので、その萌芽と思えるのです。
　日本語の歴史を見ると、最も古い記録が残っている上代
（奈良時代）から、「と」には付随と名詞の等位接続の両方
の用法がありました。したがって、付随 ＞ 名詞の等位接続
の変化は起こったとしても、記録のない、上代以前のことと
思われます。このように記録（つまり直接的な証拠）がない

のに仮説を立てることができるのは、他の言語を比較することから可能になる、言語学の魅力の１つです。また（45）のような用法は江戸時代から見られますが、さてさて、私達が生きている間に、「と」は（44）の最終的な第３段階である「何でも屋の等位接続」に到達するでしょうか。

　最後は「の」です。「の」には様々な用法がありますが、代表的なのは以下の３つです。

（46）a.　太郎<u>の</u>本
　　　b.　もっと安い<u>の</u>をください。
　　　c.　太郎が結婚した<u>の</u>を知ってる？

（46a）は所有の「の」、（46b）は代名詞の「の」、（46c）は文をつなぐ「の」です。（46b）の代名詞は例えば、店でどの商品のことを指しているかはっきりしていて、それを受けて「の」を使っています。３つの中で、（46a）の所有の「の」は古くからありますが、他の２つは江戸時代以降に出てきているので、どちらが先か、という問題が提起されます。その説明の１つに、（46b）の代名詞の「の」が先で、それから（46c）の文をつなぐ「の」ができた、という説があります。具体的な意味から抽象的な意味に変化する、という原則によれば、具体的なものが先に来るのですが、代名詞の方が、文をつなぐ機能より具体性があると考えると、この説はこの原則に合致します。そして英語でも同じ変化が起こっています。

(47) a. I know <u>that</u>.（私はそれを知っている。）

　　 b. I know <u>that</u> he will come.

　　　（私は彼が来ると知っている。）

(47a)の that は代名詞で、(47b)の that は文をつないで
います。そして(47a)の方が先だということが英語の記録
からわかっているので、(46b)の代名詞の「の」が、
(46c)の文をつなぐ「の」より先だという説は、英語と同
じプロセスとして支持されます。

　(46b)の「の」と、(46c)の「の」の関係については、
もう1つの説があります。それはこの2つの用法は、「の」
自体が変化したのではなく、この用法の「の」の前身である
連体形の意味変化の結果だ、という考えです。1章では、現
代日本語で連体形の概念は不要だということを述べました
が、古語においては、連体形は終止形と形が異なり、今は消
滅した機能を持っていました。その機能は現在の「の」に引
き継がれているのですが、「の」になる前の段階で既に、連
体形は代名詞の機能と文をつなぐ機能を有していました。こ
の通りなら(46b)と(46c)の2つの「の」の用法は、べつ
に「の」が変化したからではなく、連体形自体に複数の機能
があった結果だ、ということになります。助詞が複数の意味
を持つからといって、必ずしもそれは助詞が意味変化をした
結果ではない、ということです。

3章 | 語彙と音の交流

⚘ 1 はじめに

　本書のタイトルの「じっとしていない」とは、姿を変える
ということと、社交的である、という意味です。姿を変える
方は、1章（屈折）と2章（派生と複合と意味変化）で扱
いました。次は社交性について扱います。この3章と次の
4章ではそれぞれ、語と音、語と文の関係について話しま
す。

　無人島で一人で暮らす時、法律は不要です。どんな好き勝
手をしても、怒る人がいないからです。しかし人間が複数人
いて、交流が始まったら法が必要です。同様に言語でも、語
彙が他のものと、具体的には音や文と交流する時も、法が必
要です。法律のことを英語で law といいますが、これには
「法則」という意味もあります。言語における law は、法則
の方が近いでしょう。法則と聞くと自然科学だけのような気
がしますが、言語学にも法則はあるのです。

　法律は国の中だけでなく、国家の間でも存在します。国際
法や条約がそれにあたりますが、言語において音、語、文は
それぞれ独立国家のようなものです。この3つの国が交流
する際には、条約が必要になります。2章では語という国の
国内法を見たのですが、3章と4章ではそれぞれ、語と音、

語と文という国の間にかわされた条約をみていきます。

　まず音、語、文の区別から始めましょう。音 ＜ 語 ＜ 文の順で、段々大きな単位になっていきますが、例えば「太郎がご飯を食べた」は１つの文です。ではいくつの語が含まれているでしょうか。まず思いつくのは、「太郎が｜ご飯を｜食べた」と３つに分けることです。これは学校文法では文節と呼ばれる単位ですが、広い意味で「語」と呼べます。つまり「太郎がご飯を食べた」は３つの語からできています。もっと細かく分けて「太郎｜が｜ご飯｜を｜食べ｜た」とすれば、６つの部分に分解できます。しかし「が」や「を」の様な助詞と、「た」の様な接尾辞は、通常は１つの語とみなさず、語の一部とみなすので、語の単位としては、「太郎が｜ご飯を｜食べた」の様に３つと数えます。

　では音はどうでしょうか。「ご飯」は、仮名で書けば「ごはん」と３つの仮名からできています。１つ１つの仮名は音節、あるいは拍と呼ばれる単位に相当して、後で述べますがこの単位は日本語で重要な役割を果たします。しかし一方で、１章で見たことですが、仮名は子音と母音が一緒になっていて、言語分析には大雑把すぎることがあります。そこで「ごはん」は gohan とローマ字で書いてみます。すると子音と母音が分かれ、「ごはん」は５つの音からできていることがわかります。（子音と母音も更に細かい成分に分解できますが、本書ではそこまでは考えません。）本章では主に、音節あるいは拍が関わる例を扱いますが、この場合は仮名を使います。ただし５節の過去形の分析では、子音と母音の区別が必要になるので、ローマ字書きを使います。

音、語、文はそれぞれ独自の体系や決まりを持っていて、こういう状態のことを、自律と言います。先ほど独立国家のたとえを使いましたが、この３つの単位の研究分野はそれぞれ音韻論、形態論、統語論と呼ばれ、独自に研究されています。しかしこの３つは関連する部分もあり、この関連する部分はインターフェイスと呼ばれます。音、語、文という単位の中で、語は中間に位置するため、語は特に音や文との関連部分が多くなります。語と音が関連する例を１つ挙げましょう。「ニホンザル」は「ニホン」という語と「サル」という語が合わさってできた、複合語です。２章で見ましたが、複合は語の問題です。その一方で、単独なら「サル」と言うところが、複合語では「ザル」となり、濁点がつきます。この様な現象を連濁と言い、また後ほど説明しますが、濁点がつくということ自体は、音の問題です。「サ」と「ザ」は多くの点で発音の仕方が共通しているのですが、最大の違いは、ｓやｚの子音の部分を発音する時に、「サ」では声帯が震えないのに対して、「ザ」では震えます。ｚのように声帯が震える音を**有声音**、ｓのようの震えない音を**無声音**と言います。有声音には、濁点を伴う行の子音（ガ行のｇ、ザ行のｚ、ダ行のｄ、バ行のｂ）の他に、ナ行のｎ、マ行のｍ、ラ行のｒなどがあります。濁点は、元は「サ」のような無声音の文字について、「ザ」になることにより、もはやこの音は無声音ではなく、有声音に変わったことを示す役割を持っています。つまり濁点自体は、音の問題なのです。そして連濁では、複合という語の形成と、濁点という音の問題が同時に現れています。このように語と音は関連する

ことがよくあるのです。以下ではこのような語と音の関連について、4つのテーマに沿って見ていきます。

♉ 2　2拍の法則

　上で仮名は音節あるいは拍に相当すると述べました。音節と拍の区別については本書では立ち入りませんが、以下では拍が重要になるので、ここで説明しましょう。拍は概ね仮名が対応します。「ニホン」は3拍、「サル」は2拍、という具合です。「ん」も、小さい「っ」も1つの拍です。なので「ごはん」は3拍、「つくった」は4拍です。ただし、小さいヤ行は拍と数えません。「きょ」は1拍なので、「とうきょう」は4拍です。拍は「拍子」で使われることからわかるように、一定の音の長さを表します。「つくった」や「とうきょう」をゆっくり発音しながら手をたたいてみると、「タン・タン・タン・タン」と4回たたくのがわかると思います。

　本節では語を作る時に2拍という単位が重視されることを見ていきます。まずは短縮語の例を見ていきます。「パソコン」を考えてみましょう。これは「パーソナル・コンピューター」を略した言い方ですが、それぞれの語の最初の2拍を取り出して、計4拍の語を作っています。これは外来語に多く、他にはプロレス（プロフェッショナル・レスリング）やリモコン（リモート・コントローラー）などがあります。名前でも最初の2拍を合わせることはよく起こり、これは昭和初期のコメディアンの榎本健一が「エノケン」と言われた時までさかのぼります。「銀座をぶらぶらする」の意

味の「銀ぶら」は固有名詞と擬態語の組み合わせですが、古くからある表現です。これも2＋2拍からできています。

　これらの例で注目すべきは、2拍という音の単位が重要であり、漢字に対応する必要はないということです。「エノケン」はたまたま漢字に対応していますが、キムタク（木村拓哉）の「キム」は漢字には対応していません。最初の漢字だけを取り出せば、「キタク」になりそうですが、2＋2拍の組み合わせが好まれ、「キムタク」になります。筆者が勤務している茨城大学も、最初の漢字だけをとったら「イバラダイ」になりますが、このようには略しません。2＋2拍の「イバダイ」となり、更にすごいことに「茨大」と書いて「イバダイ」と読ませます。ここでは漢字本来の読み方より、2＋2の拍の方が重視されているのです。上で挙げた「銀ぶら」も、擬態語の部分は漢字に対応していません。

　「～ちゃん」をつけた愛称での省略でも、2拍が重要です。「たけし」は「たけちゃん」、あるいは「たっちゃん・たーちゃん」となりますが、ここでも「ちゃん」の前は2拍です。重要なのは、これは単に拍を1つ減らしただけではない、ということです。確かに「たけし」と「たけ」を比べると1拍少なくなっていますが、4拍が3拍になることはありません。なので「だいすけ」は「*だいすちゃん」にはなりません。「きょうへい」は「*きょうへちゃん」にはなりません。聞いただけで、これはおかしいですね。また「ちゃん」の前の2拍は、漢字に対応する必要はありません。小春の「こはちゃん」、美咲の「みさちゃん」は漢字ではなく、2拍ということが重要です。これはまた、「*だい

すちゃん」がおかしいのは「だいす」の部分が意味をなさ
ないから、という説明は成り立たないことを意味します。「こ
はちゃん」の「こは」は意味をなしませんが、可能な愛称で
す。

　次に形容詞の「〜め」を考えます。以下のように使いま
す。

（1）a.　熱<u>め</u>の風呂が好き。
　　　b.　暖房の温度を高<u>め</u>に設定する。

ここでは「〜め」の前は、形容詞の語根、つまり基本の形か
ら「〜い」を除いたものが来ます。「熱い、高い」から
「い」を除いた「熱、高」から、「熱め、高め」ができてい
ます。では以下の対比はどうでしょう。

（2）a.　コーヒーは薄<u>め</u>でお願いします。
　　　b.　コーヒーは濃い<u>め</u>でお願いします。

（2a）では「薄い」の語根の「薄」から「薄め」ができてい
ます。しかし逆の「濃い」では（2b）のように、語根プラス
「い」に、「め」がついています。「*濃め（こめ）でお願い
します」とはなりません。「〜め」の前は、「い」のない形
容詞の語根のはずが、なぜ「濃いめ」では「い」が入るので
しょう。これも 2 拍の法則が関わっています。つまり「〜
め」の前は、2 拍が必要なのです。なので「*濃め（こめ）
とは言えず、仕方がないので、「い」を入れて「濃いめ」と

なるのです。

　更に数字の読み方にも2拍の法則があります。今は電話番号を口頭で唱えることは少なくなりましたが、たとえば243-5721を読むとすればどうなるでしょうか。「にーよんさんのごーななにーいち」となります。つまり2と5は「に、ご」ではなく、「にー、ごー」と長く伸ばします。これは1つ1つの数字に対応する拍の長さを2拍にそろえるため、長く発音された結果です。

　他にも、動詞の尊敬語を作る時、2拍が重要になります。動詞の尊敬語は、以下のように連用形を「お〜になる」の中に入れるのが基本です。（活用形を想定しない1章の説明では、連用形とは母音動詞では語根と同じで、子音動詞では、語根＋iです。）

（3）お読みになる、お書きになる、お話しになる

しかし以下のような不規則形があります。

（4）着る → お召しになる
　　　見る → ご覧になる
　　　する → なさる
　　　いる・来る・行く → いらっしゃる
　　　食べる → 召し上がる

これらの動詞はなぜ規則的な「お〜になる」の形を取らないのでしょうか。よく使われる動詞が不規則動詞であることが

多く、例えば英語の不規則動詞も使用頻度が高いです。しかし(4)の中では、「着る」は必ずしも(3)の動詞と比べて、よく使われるとは言えないでしょう。ここでは 2 拍の法則が関わっていると考えます。具体的には、「お〜になる」で「〜」の部分は 2 拍以上が必要だ、ということです。例えば「着る、見る」を連用形にして、「お〜になる」の中に入れると、以下になります。

(5) *お見（み）になる、*お着（き）になる

これらは「お〜になる」で「〜」の部分が 1 拍なので、代わりに別の表現が必要なのです。
　しかし(4)の中には、連用形にすると 2 拍になるものがあります。それを基に、規則的に尊敬語を作ると、以下のようになります。

(6) ?? お食べになる、?? お行きになる

?? は文法性が判断しにくいということを表しますが、感覚的に、(5)より(6)の方が許容できます。実際ネットで調べると、(6)の表現は正しいかどうか、というサイトが多く見られますが、「お見（み）になる」は正しいですか、という質問は見当たりません。この理由は、(5)は 2 拍の法則を破っているので、そもそもこのように間違えることはないのに対し、(6)の方は 2 拍の法則を守っていて、うっかりこう言ってしまうことがあるからです。(6)の表現が正しいか

どうかは、言語学ではなく、社会が決めることなのでここでは触れません。しかし強調したいのは、たとえ（6）が誤りだとしても、その性質は（5）とは決定的に異なる、ということです。つまり（5）は無意識に知っている2拍の法則に合わないのに対し、（6）は「こういう風に言うべきだ」という社会的規範に逸脱する、ということです。そしてこうした社会的規範が出てくるのは、とりもなおさず、2拍の法則が存在する証拠となるのです。

　2拍の法則の例はまだあります。幼児語で体の部位を表すとき、「お」をつけて以下のように言います。

（7）おくち、おはな、おみみ、おめめ、おてて

最後の目と手は、繰り返していますがなぜでしょう。口では「*おくちくち」とは言いません。これも「お」の後には2拍が必要で、「おめ、おて」は短すぎる、というのが理由です。

　もう1つ、2拍の法則の例を挙げます。長い外来語は、よく最初の2拍だけ残して略されます。

（8）スト、デモ、ヘリ

これらは、ストライキ、デモンストレーション、ヘリコプターの短縮ですが、2拍という単位で略されています。

　以上、多くの場面で、2拍の法則が顔を出すことを見ました。

❧ 3　アクセント

　次にアクセントの話をします。日本語のアクセントは方言
により異なりますが、ここでは標準の東京方言のアクセント
を扱います。日本語のアクセントは英語のような強弱ではな
く、音の高低の差として出てきます。そして音の高低のこと
を**ピッチ**と言います。例えば「箸」は最初が高く、次が低い
です。逆に「橋」は最初が低く、次が高くなります。そして
アクセントは「ピッチが下がること」と定義されます。
「箸」では「は」が高く、「し」が低いので、「は」で「下が
る」と考えます。したがって、「箸」では最初の拍である
「は」にアクセントがあると言えます。そしてこれを本書で
は、「は'し」と表します。「は」の右肩にあるアポストロフ
ィの「'」がアクセントを示し、ここでピッチが下がること
を意味します。「橋」では下がる部分がないので、「はし」
とアポストロフィなしで書きます。このように最初の拍にア
クセントがない時は、最初の拍から次の拍に移る時にピッチ
が上がります。

　「花」と「鼻」ではどうでしょう。ともに「は」が低く、
「な」が高いので、アクセントがないように見えます。しか
し後に助詞をつけると、違いが出てきます。

(9) a.　鼻が（はなが）高い
　　 b.　花が（はな'が）咲く

「鼻が」は下がるところがないのに対し、「花が」では「な」
で下がっています。このように最後の拍にアクセントが来る

93

語もあります。これは１つの拍の語にも当てはまります。「根（ね）」と「葉（は）」は１拍の語なので、単独では上がるも下がるもありません。しかし助詞をつけると、

（10）a．葉が（はが）青い
　　　 b．根が（ね'が）深い

となり、「根」はアクセントがあり、「葉」は無アクセントだということがわかります。
　３拍の語を例にとると、以下の４つアクセントのパターンがあります。

（11）a．さかな（無アクセント）
　　　 b．おとこ'（最後の拍にアクセント）
　　　 c．おむ'つ（最後から２番目の拍にアクセント）
　　　 d．い'のち（最後から３番目の拍にアクセント）

最後の拍にアクセントがある「おとこ'」は、助詞をつけて「おとこ'が」とすると、下降がわかりますが、無アクセントの語は、「さかなが」としても下がる箇所はありません。
　以上は本来の日本語の語彙である和語のアクセントの例ですが、各単語でどのようなアクセントを持つか指定されていると言われています。つまり規則はないと考えられています。しかし和語以外では、規則があります。まず外来語のアクセントを考えてみましょう。

（12）ヨーロッ'パ、サンドイ'ッチ、クリス'マス

一律に最後から3番目の拍にアクセントがあります。「ク'
ラス」のように3拍の長さがあり、アクセントを持つ外来
語についての調査によれば、96%が最初の拍、つまり最後
から3番目の拍にアクセントがあります。では漢語ではど
うでしょうか。漢語は「学校」など無アクセントのものが多
いですが、長さが3拍で、アクセントを持つものに限定す
ると、95%がやはり以下のように最後から3番目の拍にア
クセントがあります。

（13）午前（ご'ぜん）、果実（か'じつ）、珍味（ち'んみ）

これらの事実から考えると、日本語の名詞では、和語も含め
て、最後から3番目の拍にアクセントがあるのが基本的な
規則で、それ以外のアクセントは各単語により指定されてい
ると言えます。この説明によれば、（11）では(a)-(c)のア
クセントは各単語の指定によりますが、(d)のアクセントは
規則によるものです。実際和語でも、外来語や漢語ほど圧倒
的ではありませんが、長さが3拍でアクセントを持つ語の
中で、6割が最後から3番目の拍にアクセントがあります。
　以上は単独の語のアクセントですが、語と語が合わさった
複合語では、アクセントはどうなるでしょうか。これにはい
くつかのパターンがあり、まず多いのが、次の規則です。

（14）2番目の語の、最初の拍にアクセントが来る。

「貿易会社」を考えましょう。これは「貿易」という語と、「会社」という語が合わさってできた複合語ですが、単独では「貿易」も「会社」も無アクセントです。つまり下がる所はありません。これが複合語になると「貿易会社（ぼうえきがいしゃ）」となり、2番目の語の、最初の拍にアクセントが来ています。「日米関係（にちべいかんけい）」や「絵日記（えにっき）」も同様です。

　他のパターンもあります。

（15）最初の語の、最後の拍にアクセントが来る。

これは「上野駅（うえのえき）」、「水戸市（みとし）」、「埼玉県（さいたまけん）」が例です。（14）の規則に従う複合語と、（15）の規則に従う複合語では、何が違うのでしょうか。この違いには2番目の語の拍数が関係しています。（14）の規則に従う「貿易会社」や「絵日記」は2番目の語が3〜4拍です。一方（15）の規則に従う「上野駅」や「水戸市」は2番目の語が「駅、市」のように1〜2拍です。つまり2以下か、3以上かということが、分かれ目なのです。先に2拍の規則というものを見ましたが、ここでも2拍という単位が重要になっています。

　ここで（14）と（15）の規則を図示してみます。

（16）a.　…○○○—●○○（○…）
　　　 b.　…○○●—○（○）

（16a）が（14）の規則を、（16b）が（15）の規則を表します。黒丸●がアクセントのある拍です。最初の語の長さは関係ないので、最初に「…」がついています。（16a）の右側の●○○（○…）は、2 番目の語が 3 拍以上だということを示します。括弧はあってもなくてもいいという意味です。（16b）の右側の○（○）は、2 番目の語が 2 拍以下だということを示します。そしてハイフン「─」は、語の切れ目を表します。（16）ではこのハイフンの右か左に黒丸があります。つまり（a）も（b）も、語の切れ目でアクセントがあるということです。これは複合語のアクセントが、語の切れ目をわかりやすくするための働きをしていることを示しています。

　第 3 の複合アクセントパターンは、以下です。

（17）2 番目の語のアクセントを、複合語が引き継ぐ。

例えば「ほとと'ぎす」は後ろから 3 番目の拍にアクセントがありますが、「山ほとと'ぎす」と複合語になっても、同じ場所にアクセントがあります。もし（14）（あるいは（16a））の規則に従うなら「ほ」にアクセントが来るはずですが、そうなっていません。このパターンは以下でも見られます。

（18）a.　くだ'もの　　　　輸入くだ'もの
　　　 b.　ものが'たり　　　平家ものが'たり
　　　 c.　ね'こ　　　　　　ペルシャね'こ
　　　 d.　カリフォルニア　南カリフォルニア

（18a）は「山ほとと'ぎす」と同じで、２番目の語が３拍以上ですが、２番目の最初の拍にアクセントはなく、もとの「くだ'もの」のアクセントを保っています。（18b）も同様です。（18c）では２番目の語が２拍ですが、もし（15）（あるいは（16b））の規則にしたがっていれば、「シャ」にアクセントがあるはずです。そうではなく、もとの「ね'こ」のアクセントを保っています。（18d）の２番目の語は拍数の長い外来語ですが、もともとアクセントがなく、複合語でもアクセントがないままです。

　第４の複合アクセントパターンは、以下です。

（19）アクセントがなくなる。

例えば「色」を考えましょう。「いろ'を（塗る）」と後に助詞をつけるとわかりますが、「ろ」にアクセントがあります。これが「桃色」や「オレンジ色」のような複合語になると、アクセントがなくなります。「ももいろに（塗る）・オレンジいろに（塗る）」では下がるところがありません。もし（15）（あるいは（16b））の規則にしたがっていれば、２番目の「も」あるいは「ジ」にアクセントがあるはずです。これは「色」が、複合語ではアクセントを消す性質があることを示しています。「村」も同様です。地名の単位で、「県」や「市」は（15）（あるいは（16b））の規則にしたがって、最初の語の最後の拍にアクセントが来ます。したがって、「広島県」も「広島市」も「ま」にアクセントがあります。しかし（北海道にある）「広島村」を考えると、これはアク

セントがなく、下がる箇所がありません。これも「村」が、複合語ではアクセントを消す性質があることを示しています。

　これまで 4 つの複合アクセントを見てきましたが、もう 1 つ、第 5 のパターンがあります。その話をする前に、以下のような、アクセント全般に関わる決まりを紹介しましょう。

（20）1 つの語の中でアクセントは 1 つかゼロである。

（11）で 3 拍の語のアクセントを見ましたが、無アクセント（ゼロ）か、どこかの拍に 1 つのアクセントがあります。2 つや 3 つアクセントがある語はありません。（20）の「1 つの語」とは、原則として複合語も含みます。例えば「ド゜イツ」と「文学（ぶ゜んがく）」を考えましょう。ともに最初の拍にアクセントがありますが、この 2 つを助詞の「の」でつなげると、「ド゜イツのぶ゜んがく」とアクセントは変わらず、合計 2 つのアクセントがあります。これは「ドイツのぶんがく」全体が 2 つの語からなるためです。これが複合語になるとどうでしょう。「ドイツぶ゜んがく」と、アクセントは 1 つになります。これは複合語が 1 つの語であることを示しています。

　上では最初の語と 2 番目の語が、共にアクセントを持つ語の組み合わせを考えました。では一方が無アクセントの場合はどうでしょう。「日米（に゜ちべい）」は最初の拍にアクセントが置かれ、「関係（かんけい）」は無アクセントです。

「日米の関係」ではこれは維持されますが、「日米関係」では「か」にアクセントが来ており、これは（14）（あるいは（16a））の規則にしたがっているのは見た通りです。これをもし無視して、複合語なのにもとの語のアクセントを保ったらどうなるでしょうか。

（21）a. にちべいかんけい（正しい複合アクセント）
　　　 b. *にちべいかんけい（元のアクセントを保持）

ここでは音の高低（ピッチ）を示すために、下線と上線を使いました。下線は低いピッチ、上線は高いピッチを表します。正しい複合アクセントは（21a）ですが、間違って元の語のアクセントを保った（21b）は何がいけないのでしょうか。アクセントは 1 つなので、少なくとも（20）には違反していません。そこで（20）を以下のように修正しましょう。

（22）1 つの語の中で、ピッチが下がったらもう上がらない。

（21b）では、ピッチが「に」の後で下がっているのに、「か」の後で上がっています。よって（22）に違反していることになります。2 つのアクセントがある複合語を排除するために、まず（20）を想定したのですが、（22）でも同じ効果が得られるというわけです。さらに「ドイツぶんがく」で見てみましょう。

(23) a. <u>ド</u>イツぶんがく（正しい複合アクセント）
b. *<u>ド</u><u>イツ</u><u>ぶ</u>んがく（元のアクセントを保持）

正しい複合アクセントの(23a)では、アクセントは「ぶ」の 1 つだけですが、間違って元の語のアクセントを保った(23b)は「ド」と「ぶ」の 2 つにアクセントがあります。(23b)は「ド」で下がった後、「ぶ」に行く時に上がるので、(22)に違反していることになり、正しく排除できます。

　前置きが長くなりましたが、(22)を基にして、第 5 の複合アクセントパターンを以下で紹介します。

(24) 複合語で元の 2 つの語のアクセントが保持される。

これは(20)あるいは(22)と矛盾します。(20)あるいは(22)では、「1 つの語」とは<u>原則として</u>複合語も含むと言いました。第 5 の複合アクセントパターンはこの原則から逸脱するパターンなのです。例えば「憲法改正」を考えます。単独では「憲法」は最初の拍にアクセントがあり、「改正」は無アクセントです。これが合わさって「憲法改正」になると「憲法」のアクセントも「改正」の無アクセントも保持されます。

(25) <u>けんぽうか</u>いせい

ピッチのパターンで言えば、「日米関係」の間違ったアクセ

101

ントである（21b）と同じです。そこでは「日米」のアクセントと「関係」の無アクセントを保持することはできませんでしたが、「憲法改正」ではそれが起こります。

「ヨーロッパ」と「旅行中」の組み合わせはどうでしょう。単独では「ヨーロッパ」は「ロ」にアクセントがあり、「旅行」は無アクセントです。以下の例では、「ヨーロッパ」のアクセントが保持されています。

（26）ヨーロッパ旅行中（に知人とばったり会った）
　　　ヨーロッパりょこうちゅう

「ヨーロッパ旅行中」や「憲法改正」の共通点は何でしょう。それは 2 番目の語が動詞のような働きをしていて、最初の語はその目的語の関係にあるということです。以下のように言うことができます。

（27）a. ヨーロッパを旅行する
　　　b. 憲法を改正する

つまり「ヨーロッパ旅行中」や「憲法改正」では、本来の複合語のアクセントの規則を破ることまでして、動詞と目的語の関係をはっきりさせるため、それぞれの単独の語のアクセントを維持していると考えられます。

「ヨーロッパ旅行中」で面白いのは、複合語のアクセントの規則にしたがった「ヨーロッパりょ'こう」もあるということです。2 番目の語が 3 拍なので、（14）（あるいは

（16a））の規則にしたがって、２番目の語の最初の拍でピッチが下がります。「家庭訪問」も同様です。単独では「家庭」も「訪問」も無アクセントです。そして「友人の家庭訪問中に」では２つの語の無アクセントが保持されます。これは(28)で表せます。

（28）か‾て‾い‾ほ‾‾う‾も‾ん

ここでは「ほ」で一度下がりながら、その後で上がっているので、(22)に違反しています。つまり正統な複合語のアクセントではありません。一方「かていほˋうもん」のように、複合語のアクセントになる時もあります。対比のために、これを上線と下線で表すと、以下のようになります。

（29）か‾て‾い‾ほ‾うもん

(28)と(29)を比べてください。２つの語の無アクセントが保持されている(28)では、それぞれの語の最初の拍である「か」と「ほ」でピッチが上がります。「ほ」の前で一度下がるので、(22)に違反していて、正統な複合アクセントではありません。一方(29)では「家庭訪問」全体で１語のような、正統な複合アクセントとして、下がるところは一度だけで、下がった後は上がっていません。音の他にも、(28)と(29)では意味の違いがあります。(29)は特殊な意味があり、先生が年度始めに、生徒の家を順に訪問するという、日本の学校の行事を表します。一方(28)は文字どおり

の意味で、「友人の家庭訪問中に」の例からもわかるように、誰の家庭を訪問する時にも使えます。

　これまで、複合語で元の2つの語のアクセントが保持される例として、「家庭を訪問する」という動詞と目的語の関係のある語からできた「家庭訪問（中）」のような例を見てきました。この他に、動詞と目的語の関係がなくても、元の2つの語のアクセントが保持される場合があります。それは「九州南部」のような例で、「きゅ'うしゅうな'んぶ」と、それぞれの語の最初の拍のアクセントが保持されています。これは「九州の南部」から、助詞の「の」がなくなったものだと考えられます。そしてこのような助詞の脱落は、慣用的な表現に限定されているようです。

　以上、5つの複合語のアクセントパターンを見ましたが、まとめるとこうなります。

（14）2番目の語の、最初の拍にアクセントが来る。

　　　　　　　　　　　（貿易会社（ぼうえきが'いしゃ））

（15）最初の語の、最後の拍にアクセントが来る。

　　　　　　　　　　　　　　（上野駅（うえの'えき））

（17）2番目の語のアクセントを、複合語が引き継ぐ。

　　　　　　　　　　　　　　　　　（輸入くだ'もの）

（19）アクセントがなくなる。（オレンジ色）

（24）複合語で元の2つの語のアクセントが保持される。

　　　　　　　　（九州南部（きゅ'うしゅうな'んぶ））

それぞれの規則に当てはまる具体的な例を見てきましたが、

中には 2 つの規則にしたがっているものもあります。「ドイ
ツ文学」は 2 番目の語の、最初の拍である「ぶ」にアクセ
ントがあるので、(14)にしたがっていると言えます。しか
し同時に(17)にしたがっているとも言えます。「文学」は
単独でも、「ぶ」にアクセントがあるからです。また(17)
と(24)は似ていますが、最初の語のアクセントが保持され
るか、なくなるか、で差が出てきます。(17)にしたがう
「ペルシャねこ」を考えます。この複合語全体ではアクセン
トは「ね」にあるだけですが、「ペルシャ」は単独では最初
の拍にアクセントがあります。もし(24)の規則にしたがっ
たら、「*ペルシャねこ」と間違ったものができてしまいま
す。一方(24)の規則にしたがう「九州南部」は最初の語の
「九州」のアクセントが保持されています。意味の点でも差
があります。「九州南部」は「九州の南部」が基にあると言
いましたが、この 2 つは意味が同じです。これに対し、「ペ
ルシャ猫」と「ペルシャの猫」は意味が違います。「ペルシ
ャ猫」は猫の種類であり、日本で生まれてもペルシャ猫で
す。一方「ペルシャの猫」は特定の種類の猫ではなく、ペル
シャにいる猫を指します。当然のことながら、「ペルシャ
猫」は「ペルシャの猫」からできたのではありません。

　上の 5 つの規則はどんな関係にあるでしょうか。日本語
の話者は 5 つの規則を覚え、さらに複合語を学ぶ際に、そ
れぞれがどの規則にしたがうかを覚えるのでしょうか。それ
だと大変です。もっと効率的に使い分けています。まず一般
的な（デフォルトの）規則として、(14)と(15)がありま
す。この 2 つは、2 番目の語の拍数が、2 以下か 3 以上か

で決まるので、自動的に使い分けられます。そして(17)と
(19)は、2番目の語の特殊事情として、個別に覚えていき
ます。たとえば「色」は複合語の2番目にきたらアクセン
トがなくなる、「物語」は、2番目にきたらそのアクセント
を保持する、などです。そして(24)は関係する複合語の特
有の事情で、別個に判断できます。つまり複合語の2つの
語の間で、動詞と目的語の関係があったら、両方のアクセン
トを保持する、という感じです。確かに個別に覚える部分も
ありますが、多くの場合5つの中のどの規則を使うかは、
自動的に決まってきます。

　最後に5つのどれにもあてはまらないアクセントを持つ
複合語を見ます。「歯磨き粉」がそれです。この左側の「は
み゛がき」自体も複合語で、これは(14)にしたがっていま
す。しかしこれに「粉」がつくと、「はみが゛きこ」となり、
(14)とは合いません。2章でも見ましたが、歯磨き粉は昔
の名残で、粉ではないのに「歯磨き粉」と言うなど、意味が
変わっています。そんな理由もあり、複合語という意識がな
くなって、単独の語と認識されているのかもしれません。
「歯磨き粉」全体で語の境界のない1語となれば、(12)、
(13)で見たように、名詞のアクセントは基本的に後ろから
3番目の拍に置かれるので、「はみが゛きこ」となります。

✿ 4　連濁

　「サル」が複合語の中では「ニホンザル」と濁点がつくこ
とを、**連濁**といいます。語が連なる時に濁点がつくという意
味です。連濁では2番目の語の最初の文字に濁点がつきま

す。前節で見たアクセントと並んで、連濁は日本語の音の研究の重要なテーマですが、アクセントと同様に複合語と密接に関わってくるので、語彙の問題でもあります。語彙と音の交流の典型例です。本節では連濁の特徴をいくつか見ていきます。

　連濁はどんな時に起こるのでしょうか。当然のことながら、濁点のつく子音で起こります。2 番目の語の最初の子音がカ行（渋柿）、サ行（ニホンザル）、タ行（いいとこ取り）、ハ行（日本橋）の時は起こりますが、例えばナ行には濁点がつかないので、「ペルシャ猫」では連濁が起きません。

　では濁点のつく子音だったら、いつでも連濁は起きるのでしょうか。そうではありません。「平仮名」と「片仮名」を比べてみましょう。「ひらがな」、「かたかな」と連濁で違いがあります。「ヒグマ」と「シロクマ」でもそうです。2 番目の語は同じのに、連濁は起こったり起こらなかったりします。このような事実から、連濁がいつ起こるか、というのはそれぞれの語彙で決まっていて、規則はない、と言われています。

　一方、連濁が起こらない時というのは、ある程度決まりがあることがわかっています。先に述べた「ペルシャ猫」のような、濁点がつきようのない子音の時に連濁が起こらないのはもちろんですが、それ以外でもいくつかの規則があるので、それを見ていきましょう。

　まず連濁は基本的に、日本語固有の語彙である和語に限定され、漢語や外来語では起きません。したがって「日米関

係」や「簡易ホテル」などでは、2番目の語が和語ではないので、連濁は起きません。しかし「貿易会社」や「花がるた」では連濁が起こります。「会社」は漢語で、「かるた」は元はポルトガル語です。これらの例については、「会社」も「かるた」も、使用頻度が高いか、長年の使用により、日本語の語彙の中で和語のような地位を得ているため、と考えられます。「かるた」は戦国時代に日本語になった語彙ですが、平仮名で書かれることからわかる通り、外来語という認識は薄くなっています。

　次に以下の語の違いを考えましょう。

（30）値引き（連濁あり）　　値下げ（連濁なし）
　　　女心（連濁あり）　　　女言葉（連濁なし）

連濁の起こらない「値下げ」と「女言葉」に共通するものは何でしょうか。それは「さげ」、「ことば」のように2番目の語に、最初から濁点がある、という点です。これは**ライマンの法則**として、以下のように表されます。

（31）複合語で2番目の語に既に濁点があると、連濁は起こらない。

この法則を発見したライマンはアメリカの人類学者ですが、同様のことを本居宣長が言っていました。
　ライマンの法則は、3つの語が合わさった複合語で興味深い予測をします。例えば「木柱時計」は何と読み、どんな意

味でしょうか。より詳しく問えば、発音は「きはしらどけ
い」と「きばしらどけい」のどちらでしょうか。そして木で
できているのは、柱か、それとも時計でしょうか。

　まず意味から考えましょう。「木柱時計」で「木」は何か
を修飾していますが、「木でできた柱」と「木でできた時
計」の 2 つの可能性があります。そしてこの意味の違いは、
3 つの中でどの 2 つが先に結びつくかの違いによる、と仮
定しましょう。2 つの可能性があります。

(32) a. | き　はしら | とけい |
　　 b. | き | はしら　とけい |

(32a)では木は柱を修飾しているのに対し、(32b)では木
は柱時計を修飾しています。つまり前者では柱が木でできて
いるのに対し、後者では柱時計が木でできていて、柱の材質
は不明です。

　次に連濁を考えましょう。(32a)では | き　はしら | が連濁
を起こし、「きばしら」となります。これに | とけい | がつき、
また連濁が起きて「きばしらどけい」となります。一方
(32b)では、まず | はしら　とけい | が合わさり、「はしらど
けい」と連濁を起こします。これに | き | がつく訳ですが、こ
こでライマンの法則が出てきます。| き | と | はしらどけい | を
合わせる際、二番目の語は既に濁点を含みます。したがって
ライマンの法則により、連濁は起こらず、「きはしらどけ
い」となります。

　最初の問いの答えとしては、「きはしらどけい」では時計

が木でできていて、「きばしらどけい」では柱が木でできています。同様な例に「塗り箸箱」があります。「ぬり<u>は</u>しばこ」と言えば漆を塗った箱があって、これは箸を入れるためのもの、という意味です。一方「ぬり<u>ば</u>しばこ」といえば、漆を塗った箸があって、これを入れるための箱、という意味です。

　以上３語から成る複合語の振る舞いを見ましたが、これはライマンの法則が、日本語話者の言語知識の一部であることを示します。先に「ヒグマ」と「シロクマ」のような例から、連濁がいつ起こるか、ということはそれぞれの語彙で決まっていて、規則はない、と言いました。このことから推測すれば、ライマンの法則は言語学者が考え出したものであり、普通の話者は(30)のような単語を１つ１つ記憶しているだけだ、という可能性もあります。

　しかし３語から成る複合語の振る舞いはこれが間違いであることを示します。「木柱時計」や「塗り箸箱」は、ほとんどの話者は聞いたことがありませんが、上で見た意味と連濁の関係を問われると、正しく答えられます。これはライマンの法則が、無意識ではありますが日本語話者の知識の一部であることを示しています。そしてこの知識は、人間が種として持つ、生得的な言語知識である普遍文法の例証と言えます。

　普遍文法については、言語学、特に生成文法の入門書を参照していただきたいのですが、習ったこともないのに、知っている言語知識の源になっているものです。連濁は日本語に特有のもので、したがってライマンの法則も日本語だけのも

のです。しかし聞いたこともない「木柱時計」や「塗り箸箱」の意味と連濁の関係が正しくわかるということは、人は生まれながらにして何らかの知識を持っているということになります。これはどの言語にも通じるような抽象的な知識で、ライマンの法則に関して言えば、「似た種類の音を続けてはいけない」というようなものに相当します。こうした生得的な知識が、日本語仕様に発展すると、ライマンの法則になるのです。

　連濁が起こらない第 3 の要因として、以下のような例があります。

（33）親子、草木

これらの語には親と子、草と木、という等位接続の関係があります。一方これまで見た連濁が起こる複合語は、修飾の関係でした。例えば「渋柿」は渋い柿のことで、最初の語が 2 番目の語を修飾しています。こうした関係がある複合語では、以下のように連濁が起こり得ます。

（34）連れ子、添え木

（33）と（34）は 2 番目の語は同じですが、前者は連濁がなく、後者は連濁が起こります。この差は、等位接続と修飾という関係の違いによるものです。

　しかし以下のような例外も見られます。

（35）木々、人々、粉々、冷え冷え

これらは同じ言葉を繰り返したものですが、全て「きぎ、ひとびと」のように連濁が起こっています。「木々」と「人々」は複数のものを表しますが、意味的には並列でしょう。木々は「木と木」ということです。しかし（33）とは違って連濁が起こります。「粉々」と「冷え冷え」は様態を表しますが、同じ言葉を重ねて強調しています。これも並列に近いでしょう。（33）と（35）では、複合語の中の意味的関係は似ているのに、なぜ連濁で差があるのか、ということは、未解決の問題です。これは等位接続とはどういうことか、そしてそれは複合語の中の構造に、いかに反映されるか、という問題につながっていきます。関連して、「長細い」という複合形容詞では連濁が起こりますが、これも「長くて細い」という並列と言えます。これも並列が必ずしも連濁を阻止していない例です。

　連濁が起こらない第４の要因として、動詞＋動詞の複合動詞があります。

（36）押し倒す、切り離す

これらは「*おしだおす、*きりばなす」とはなりません。ここではライマンの法則も等位接続も関係なく、唯一の理由は複合語が動詞＋動詞の複合動詞だということです。このように連濁は、複合語の品詞によっても左右されます。

　連濁が起こっている動詞＋動詞の複合動詞もいくつかあり

ますが、これらは以下のように名詞で使われることもあります。

（37）a. 着ぶくれる（動詞）　　b. 着替える（動詞）
（38）a. 着ぶくれ（名詞）　　　b. 着替え（名詞）

（37）のような動詞は、もともと（38）のような名詞だったと考えられます。もしそうなら、（37）は動詞＋動詞の複合動詞は連濁を起こさないということの例外とはなりません。その証拠が、1867 年にヘボンという人が編集した辞書にあります。その当時の辞書によると、（37b）は連濁のない「きかえる」なのに対し、（38b）は連濁のある「きがえ」でした。これは（38）のような名詞から（37）のような動詞ができたという仮説を支持します。「きがえる」が後になって成立したことを示すからです。

　以上、連濁が起こらない 4 つの場合を解説しました。まとめると以下のようになります。

（39）a. 2 番目の語の最初の子音に濁点がつかない。

（ペルシャねこ）

　　　b. 2 番目の語にもともと濁点がある。（値下げ）
　　　c. 等位接続の関係（親子）
　　　d. 動詞＋動詞の複合動詞（押し倒す）

このうち、（39a）は発音器官の構造上の問題です。（39b）は生得的な言語知識に関わることなので、特に覚える必要は

ありません。(39c)と(39d)に関しては、様々な考えがありますが、文献などを参照して各自で考察をするのも面白いでしょう。

♈ 5　過去形

　本節では日本語の過去形を考えます。英語の過去形は、walked のように ed をつける規則動詞と、made のような不規則動詞があります。日本語の過去形はどうでしょうか。最初に「か」で始まる二文字の動詞を見てみましょう。

(40) 書く、貸す、勝つ、噛む、刈る、買う、嗅ぐ

これらの動詞を過去形にすると、以下のようになります。

(41) 書いた、貸した、勝った、噛んだ、刈った、買った、
　　　嗅いだ

さてこれらは規則的でしょうか、不規則でしょうか。最後に「た」があるので、これは英語の ed のようなものだとすれば、(41)の動詞は全て規則動詞でしょうか。それでもこれらの動詞は一様なものではなく、以下のような特徴に分類されます。

(42) a.　最後が「だ」で終わる（噛んだ、嗅いだ）
　　　b.　「っ」が出る（勝った、刈った、買った）
　　　c.　「い / (i)」が出る（書いた、貸した、嗅いだ）

　　d.「ん」が出る（噛んだ）

　この４つの特徴を見ると、本当に規則的かわからなくなります。何か決まりはあるのでしょうか。どの動詞が(42)のどの特徴を持つか、予測はできるでしょうか。「噛んだ」は(a)と(d)の特徴を持ちますが、なぜでしょうか。

　答えを言うと、日本語の過去形の形は、語根の最後の音により決まります。１章で動詞を語根と接尾辞に分けました。おさらいをすると、母音動詞は語根が母音で終わり、tabe-ru と分けられます。母音動詞の過去形は単純です。終止形（現在形）の「る」を「た」に変えるだけです。この「た」は過去を表す接尾辞です。「食べる」は「食べた」、「見る」は「見た」になります。（ただし、「来（く）る」と「する」は、過去にすると「来（き）た」、「した」となり、語根の部分も変わります。これらが「カ行・サ行変格活用」と呼ばれる所以です。）tabe-ru の語根である tabe- に「た」をつけると tabe-ta となります。母音動詞の語根は母音で終わり、「た」は子音で始まります。つまり母音動詞に「た」がつくと、母音、子音という理想的な音の連続が起こり、何もする必要がないのです。これに対し子音動詞では、語根が子音で終わるので、それに「た」がつくと、必然的に子音の連続が起こります。これは原則として日本語では許されないので、以下で詳しく見るような、多種多様の音の変化が起こるのです。

　(40)の動詞を語根と接尾辞に分けると、以下のようになります。

(43) kak-u, kas-u, kat-u, kam-u, kar-u, ka-u, kag-u

　まず(42)の特徴は語根の最後の音で決まることを確認しましょう。「書く」の他に語根がkで終わる動詞は「聞く、着く、解く」などがあります。これらの過去形は「聞いた、着いた、解いた」となり、「書く」と同様に「た」の前に「い」が出ます。更に「噛む」の他に語根がmで終わる動詞は「読む、積む、やむ」などがあります。これらの過去形は「読んだ、積んだ、やんだ」で、「噛む」と同様に「だ」で終わり、その前に「ん」が出ます。

　なお、本節は「た」がつく過去形に焦点をあてますが、「て、たら、たり」も同じ特徴を持ちます。「聞いた、着いた、解いた」と同じように「聞いて、着いて、解いて」や「聞いたら、着いたら、解いたら」も接尾辞の前で「い」が出てきます。「たら、たり」が「た」と同じ振る舞いをするのは、「た」を含むから、というのはわかりやすいと思います。「て」が「た」と似ているのは、2つが語源的に関係があるからです。現代の過去形接尾辞の「た」は、古語では完了の意味の「たり」でした。そしてこの「たり」は「てあり」からできているため、「て」と「た」は語源的に共通するのです。

　具体的な過去形の分析の前に、もう1つ確認しておくことがあります。それは語根の見つけ方です。語根が何かということは、日本語の動詞を分析する際の出発点ですが、少し注意が必要です。たとえば「かえる」の語根は何でしょうか。それは「帰る」と「変える」で異なります。「帰る」を

変化させると、「帰らない、帰ります、帰る、帰れば」と、ラ行が常にあります。なので「帰る」の語根は kaer- となります。一方「変える」を変化させると、「変えない、変えます、変える、変えれば」と、最初の 2 つではラ行は出てきません。なので「変える」の語根は kae- となります。（1章で見ましたが、「変える、変えれば」でラ行が出るのは、最初はなかった r が途中で入ったためです。）

　では、（43）の動詞で語根の最後の子音（k, s, t, m, r, g）の違いにより、できあがる過去形がどう異なるかを見ていきましょう。（「買う」（ka-u）は語根がはっきりしませんが、後でわかってきます。）

　まず「勝つ」（kat-u）から始めましょう。これは語根に過去の接尾辞の -ta をつけて、kat-ta となった、最も単純な例です。語根は kat のままで、何も足さず、何も引いていません。語根が t で終わる動詞は他には「立つ、待つ」などがありますが、過去形は「立った、待った」のように、「勝った」と同じパターンを示します。日本語は子音の連続を許さないことが多いですが、t-t のように同じ子音であれば連続は可能で、文字ではこれを小さい「っ」で表します。

　次は「貸す」（kas-u）です。語根に -ta がつくと、kas-ta になります。ここで問題が生じます。日本語は s-t という、子音の連続を許しません。そこで間に i という母音を入れて、kas-i-ta になります。1 章で「書きます」が、元は kak-masu で、i が入った、という分析をしたのを思い出してください。

　同様に i を入れることが「書く」（kak-u）の過去形で起

こります。まず kak-ta ができて、k-t の連続が許されない
ため、i が入り、kak-i-ta になります。しかしこれはまだ
「書いた」ではありません。kak-i-ta から k を消すことで、
正しい「書いた」ができます。これは「イ音便」と呼ばれま
す。イ音便は通常歴史的な変化（1 章ではこれを通時と呼び
ました）のことを指します。例えば古語では「書きたり」だ
ったものが「書いた」となっていて、ここでは「き」が
「い」になっているので、イ音便の例となります。しかし上
で述べた、kak-i-ta から ka-i-ta になる変化は、現代の日本
語で起こっていることです。1 章ではこのことを、通時に対
して共時と呼びましたが、イ音便は共時的な側面もあるので
す。

　なお、kak-ta から、直接 k を i に変えて、kai-ta を作る
方法も考えられるかもしれません。しかしこれは 2 つの理
由で却下されます。まず 1 つに子音である k が、母音であ
る i に変わる、ということは通常ありえません。子音は子音
同士で、母音は母音同士で、変わるものです。後ほど実際
に、子音が他の子音に変わることを見ます。もう 1 つの理
由は、i を入れる操作も、k を消す操作も、独立して観察さ
れるからです。1 章で独立した証拠の重要性を指摘しました
が、過去形とは別のところで、i を入れることも、k を消す
ことも、起こります。「書きます」は kak-masu に i が入っ
てできました。また i の前で k を消すことは、形容詞の現在
形（終止形）で見られます。形容詞は、例えば「高<u>か</u>った、
高<u>く</u>ない、高<u>け</u>れば、高<u>か</u>ろう」のように常に k がありま
す。しかし現在形の時だけ、「高い」と k がありません。こ

れは、元は taka-k-i で、i の前で k が消えたと考えると説明
がつきます。通時的に見ても、古語の連体形は「高き」だっ
たので、k がなくなったというのは納得がいくと思います
が、共時的にも taka-k-i から taka-i ができているのです。

　次は「刈る」(kar-u) です。語根に -ta がつくと kar-ta
ができます。r-t の連続は許されないのですが、ここでは同
化という現象が起きて、最初の r が次の t の影響を受けて、
t に変わります。その結果、kat-ta となります。「刈る」の
他にも、語根が r で終わる「帰る、乗る、釣る、切る、去
る」は皆「帰った、乗った、釣った、切った、去った」と同
じパターンを示します。

　ここで 1 つの疑問が生じます。先に kak-ta と kas-ta の
時は、k-t や k-s の子音の連続は許されないので、i を入れ
て解消する、と述べました。しかし kar-ta では i を入れる
のではなく、同化が起こります。なぜ違うのでしょうか。こ
れを考える前に、もう 1 つの「っ」がある「買った」を見
ていきましょう。

　「買った」の元の「買う」は、よく考えると不思議です。
ka-u と分けられるのですが、語根は ka でしょうか。これ
だと母音で終わっていますが、語根が母音で終わる時は、
tabe-ru, mi-ru のように次は -ru になるはずです。なぜ
ka-u の右は u で、母音の連続が許されるのでしょうか。ま
た語根が母音で終わる母音動詞は mi-ru のように i で終わる
ものと、tabe-ru のように e で終わるものがあるのですが、
ka-u は a で終わっています。

　どうやら「買う」の語根は ka ではないようです。すると

何でしょう。ここで接尾辞の -u を基に推論します。kak-u,
kas-u のように、接尾辞が -u の時は語根が子音で終わって
います。なので、ka-u でも語根が子音で終わっているはず
です。この語根の最後に予想される子音を仮に X としまし
ょう。「買う」の語根は未知の X を含む、kaX-u なのです。
では X とは何でしょう。それは「買う」を「買わない、買
います、買う、買えば」変化させるとわかります。最初の
「買わない」で「わ（wa）」が出てきます。つまり X は w
なのです。他の動詞の「笑う、歌う、誘う」も同様に否定形
は「笑わない、歌わない、誘わない」と「わ」が出てきま
す。そして過去形は「笑った、歌った、誘った」と「っ」が
出てきます。

　w は現代の日本語では a の前だけに出てきて、それ以外
の母音の前では消えるのです。ワ行が「わいうえお（を）」
となることから、これはわかると思います。昔はちゃんと
wa, wi, wu, we, wo と言っていたのですが、wa だけが残
ったわけです。「を」を入力する時、wo と入れることに、
その名残があります。また古語で「笑ふ」と書くので、現代
の「笑う」とは違って子音があったことがわかると思いま
す。ここでの子音は w ではありませんが、「笑ふ」の語根の
最後がどんな子音で、どんな歴史的変化を経たかは、本書で
は立ち入りません。興味のある人は調べてみてください。

　以上のことから「買う」の過去形が「買った」になる理由
はもうおわかりだと思います。「買う」の語根は kaw- で、
これに -ta がつくと kaw-ta となり、w-t という許されない
子音の連続が生じます。そのため、kar-ta の時と同じよう

に、同化を起こして、kat-ta となるのです。w は a 以外の
母音の前では消えてしまうのですが、「買った」の「っ」の
部分にちゃんと存在感を示しています。もし語根が ka な
ら、それに -ta がつくと「*買た」という間違った形ができ
てしまいます。正しい形の「っ」の部分こそ、w が存在す
る証なのです。

　ここで先ほど保留した問題に戻りましょう。許されない子
音の連続が生じた時、母音を入れる操作と同化する操作の 2
つがあることを見てきました。まとめると以下の通りです。

(44) a.　子音の連続を、i を入れて解消：s と k
　　　　　kas-ta → kas-i-ta　　　　kak-ta → kak-i-ta
　　 b.　子音の連続を、t に同化させて解消：r と w
　　　　　kar-ta → kat-ta　　　　kaw-ta → kat-ta

s と k が 1 つの仲間で、r と w がもう 1 つの仲間のようで
す。それぞれ、どんな共通点があるのでしょうか。ここで 1
章で見た、r の特徴を思い出してください。語根が母音で終
わる動詞の mi-ru, tabe-ru は、元は mi-u, tabe-u であり、
r が入ることにより、接尾辞が -ru となった、という分析を
しました。そして新たに加える子音として r が選ばれたの
は、r は存在感が薄いから、と述べました。新参者はつつま
しくしている、ということです。そして、(44b) のように
同化を起こす、というのも、存在感のなさがなせる技です。
存在感が強ければ、他の音に同化はしないはずです。もう一
方の w も同様です。これは「半母音」と呼ばれ、母音の

「う」に似ています。子音としては半人前ということです。つまり、r も w も、影の薄い子音なので、t に同化する、というわけです。これに対し、s や k は正統的な子音なので、同化はせず、代わりに i を入れることになります。（k はその後、イ音便という別の理由で消えてしまいますが。）

次に、過去形が「だ」で終わる動詞を見ます。上のリストには含まれませんでしたが、まず語根が b で終わる「呼ぶ、飛ぶ、運ぶ」を考えます。これらは過去形が「呼んだ、飛んだ、運んだ」と同じパターンを示します。「呼ぶ」の語根を yob- とすれば、これに -ta がつくとまず yob-ta ができます。これが yon-da になるのですが、ここでの課題は２つあります。まずなぜ「た」が「だ」になるのか、そしてなぜ b が n になるかです。

はじめになぜ「た」が「だ」になるかですが、これは b が有声音だからです。もう少し正確に、わかりやすく言うと、「呼ぶ」の「ぶ」が濁点を含むので、それにつられて、過去の接尾辞の「た」も、濁点を含む「だ」になったというわけです。この変化でまず yob-ta → yob-da と変化します。ここで b-d という子音連続ができますが、これは解消しなくてはいけません。では i を入れましょうか。そうすると「*呼びだ」という間違った形ができます。なぜこれは認められないのでしょうか。先にライマンの法則で見ましたが、日本語は１つの単語が濁点を含む子音を２つ含むことを嫌います。「*呼びだ」はこれに相当するので、間違いなのです。i を入れる代わりに同化をしても d が重なってしまいます。本来の日本語では dd のような同じ有声音の連続は

許されないので、「*呼っだ」も認められません。残る手段は、b を n に変えることです。nd は、日本語で許される子音の連続です。こうした理由で yob-da → yon-da という変化が起きます。まとめると以下の通りです。

(45) yob-ta → yob-da → yon-da

　なお上の説明で、最初に yob-ta → yob-da と、濁点を 2 つ含むような変化をすること自体、ライマンの法則に違反している、と気付いた読者もいるかもしれません。確かにその通りなのですが、ライマンの法則は途中で違反しても、最終的に守られていればいいのです。ここでは yob-da → yon-da と変化することで、濁点が 1 つになり、違反は解消されます。

　過去形が「だ」で終わる動詞の 2 つ目は、「嗅ぐ」です。語根が g で終わりますが、他には「研ぐ、泳ぐ」があり、過去形は「嗅いだ、研いだ、泳いだ」と同じパターンを示します。ここではいくつかの操作が絡んできます。まず最初に語根に -ta がつき、kag-ta ができます。この後、上の「呼んだ」の時と同じように、t が d になって、kag-da となります。次に i が入り、kag-i-da になります。もし逆に i が入るのが先だと、kag-i-ta となりますが、g の有声音につられて t が d になるには、g と t が隣り合っている必要があります。そのためには、kag-ta の段階で d に変化させる必要があり、i を入れるのはその後、ということになります。

　「呼んだ」時には i が入らなかったのに、なぜ「嗅いだ」

では i が入るのでしょうか。それはその後に続く、イ音便に必要だからです。kag-i-da のままだと、濁点のつく子音が2つあって、これは日本語では許されないのですが、イ音便により g が消えます。その結果 ka-i-da ができます。ここでは濁点のつく子音は d が1つあるだけです。上で見た「書いた」では k が消えましたが、ここでは g が消えます。k と g は兄弟のようなもので、発音の方法はとても似ています。唯一の差は、k は無声音、g は有声音、ということです。g が消えるためには、その前に i が必要なので、「嗅いだ」では i が入るのです。まとめると以下のようになります。

(46) kag-ta → kag-da → kag-i-da → ka-i-da

つまり最初の kag-ta から、4つの段階を経て「嗅いだ」ができるわけです。

　「呼んだ」や「嗅いだ」で「た」が「だ」になる過程は、同化の一種です。完全に同じ音になるのではありませんが、b や g という有声音につられて、t が d に変わります。これは英語でも見られます。複数形の s は無声音の後では [s] ですが、有声音の後では [z] になります。例えば books は「ブックス」ですが、dogs は「ドッグズ」です。過去形の ed の発音も無声音の後では [t] ですが、有声音の後では [d] です。walk<u>ed</u> は [t] で、hugg<u>ed</u> は [d] です。これは k と g の違いが t と d に反映される点で、「書く」と「嗅ぐ」の過去形の違いに似ていますね。

　「書いた」と「嗅いだ」の差について、更に考えましょう。語根の部分はともに kai- となり、差がなくなっています。最初は kak-、kag- と違いがあったのに、イ音便の結果、k と g がなくなり、同じになってしまったのです。しかし 2 つの区別ができなくなったかと言えば、そうではなく、接尾辞の部分で区別できます。「た」と「だ」で異なるからです。こうした状況を言語学では「不透明」と言います。A という存在が、B のあり方に大きな影響を与えているのに、A が何らかの理由で消えてしまったとします。するとなぜ B は今こんな状況なのか、ということがわからなくなってしまう、ということです。例えば、日が何ヶ月も昇らない真っ暗な北極で、日焼けした人が写っている写真があるとしましょう。これは何か変なのですが、この違和感は何でしょうか。日焼けをするには太陽が必要なので、日焼けをした人の背景には、普通は真夏の太陽か、雪原だとしても晴れた天気を期待します。太陽が何日も昇らない中で日焼けした人がいることは、日焼けの直接の原因が見えないので、「不透明」だということになります。「嗅いだ」でも、最後が「だ」になるのは元の「嗅ぐ」に含まれる g です。しかし g は最終的には消えるため、「嗅いだ」だけを見ても、最後が「だ」になった理由が見えなくなっているのです。

　過去形が「だ」で終わる動詞で最後に扱うのは、「噛む」です。語根が m で終わりますが、他には「読む、頼む、生む」などがあり、過去形は「噛んだ、読んだ、頼んだ、生んだ」と同じパターンをとります。まず語根に -ta がついて kam-ta になりますが、t が d に変わり、m が n に変わる点

で、「呼ぶ」の過去形が yob-ta → yob-da → yon-da と出来ていった過程と似ています。しかし「呼ぶ」と「読む」では重要な違いがあります。「呼ぶ」の「ぶ」には濁点があり、これが「た」を「だ」に変えるということを見ました。それに対し「読む」には濁点ありません。確かに「読む」に含まれる m は有声音です。その証拠に英語の comes は「カムズ」となり s が [z] と発音されます。しかし接尾辞の「た」を「だ」に変えるのは、濁点がある有声音に限定されます。仮名において、濁点は優れた役割を果たします。それは濁点を除いた文字の音と対比させる、ということです。例えば「か」と「が」は文字の上では濁点だけの違いですが、これは k と g が有声音か無声音かの違いを除いて、発音の方法はまったく同じ、ということを示しています。一方マ行には濁点はつきませんが、それは m に対応する、有声音か無声音かの違いを除いて、他の発音の方法はまったく同じ音が存在しないからです。同様な子音にラ行の r があります。これも有声音ですが、濁点はつきません。そして重要なことは、「刈る」の過去形の「刈った」からわかるように r は「た」を「だ」に変えません。同じ理由で「読む」の「む」は濁点がないので、「た」は「た」のままのはずです。

　では「読む」の過去形が「読んだ」になるのはなぜでしょうか。前提として、先に m が n に変わることに注目します。まず yom-ta から yon-ta になる、ということです。これも同化の一種です。m と n は共に鼻音と呼ばれ、発音の時に空気が鼻から抜けます。違いは m が唇を使うのに対し、n が歯と舌を使う点です。そして t は、鼻音ではありません

が、歯と舌を使います。この特徴につられて、m が n に変わったのです。

　では yon-ta が yon-da に変わる理由は何でしょうか。それは日本語の非常に特殊な事情が関係しています。つまり、古来日本語は nt という音の連続を嫌ったのです。そんなことはない、「簡単」（kantan）、「運転」（unten）など、nt を含む語は多くあるじゃないか、と思うかもしれません。しかしこれらの語は漢語で、もともと中国語です。本来の日本語の語彙で nt を含む語はないのです。漢語が多くの語彙を占める日本語の感覚からすると、yon-ta といっても発音上は全く支障はないのですが、こうした古来日本語に存在する事情により、nt が nd に変わり、yon-da となるのです。まとめると以下の通りです。

（47）yom-ta → yon-ta → yon-da

　なお、語根が n で終わる動詞は「死ぬ」1 つだけですが、これは m で終わる動詞と似た特徴を持ちます。sin- の語根に -ta がつくと sin-ta になり、これは（47）の第 2 段階の yon-ta と同じく nt を含みます。nt が許されないので、sin-da（死んだ）となります。

　以上をまとめると、日本語の動詞の過去形は、以下の通り、語根の最後の音によって決まります。

（48）a.　　母音 ： 何も起こらない（mi-ta）
　　　 b.　　 t ： 何も起こらない（勝った kat-ta）

c.   s : i が入る（kas-i-ta）

d.   k : i が入り、k が消える（ka-i-ta）

e.   r と w : t に同化（刈った、買った kat-ta）．

f.   b : t が d になり、b が n になる

（呼んだ yon-da）

g.   g : t が d になり、i が入り、g が消える

（ka-i-da）

h.   m : m が n になり、nt が nd になる

（読んだ yon-da）

複雑に見えますが、これらは「規則」です。実際、外国語と
して日本語を学ぶ人は、（48）の規則を覚えます。では母語
として日本語を話している人は、（48）の規則を知っている
のでしょうか。生成文法の考えによれば、無意識ながら、
（48）の知識はあることになります。具体的には、生得的な
言語知識である普遍文法に、日本語特有の情報をインプット
することで、（48）の規則ができる、ということです。

　しかしそうではない可能性もあります。つまり母語話者
は、日本語を習得する過程で、動詞を現在形と過去形をセッ
トにして覚えただけであり、（48）の知識を持つわけではな
い。これらは言語学者あるいは日本語教育に関わっている人
が作った、という可能性です。これに関して、面白い実験が
あります。実在しない動詞を作り、被験者に過去形にしても
らい、（48）の規則をうまく使えるかどうか、という実験で
す。例えば「てむ」という架空の動詞で、「明日、田中さん
はてむ予定？」「いや、昨日＿＿＿＿よ」で下線部を入れても

らうのです。「てむ」は m で終わるので、「てんだ」になる
のが正解です。結果は、日本語の母語話者は、意外と成績が
悪いそうです。これは何を意味するのでしょうか。1 つの可
能性は、(48)は無意識に習得した知識なので、未知の動詞
に遭遇してすぐ使えるものではない、ということです。もう
1 つの可能性は、上で述べたように、母語話者は過去形を規
則としてではなく、1 つ 1 つ個別に、あるいは類推により
覚えている、ということです。

　以上は現代の日本語についての考察で、共時的な視点から
考えています。では通時的に、つまり歴史的変化の点からは
どう考えればいいでしょう。古語では過去形（正確には完了
形）は、語根に i を足した結果できた連用形に、「たり」を
つけていました。ここでは語根の変化はなく、「書きたり、
貸したり、嗅ぎたり」などとなっていました。つまり(48)
の規則と比べると、非常に単純な方法で過去形を作っていた
のです。これから数百年の時間をかけて、徐々に現在の形に
なったのですが、少なくともこうした変化の過渡期にあった
日本語話者には、(48)の知識は無意識にあったと思われま
す。まだ現在のような形が確立されておらず、そのまま覚え
るにしてもそもそも覚えるものがないからです。またもう 1
つ重要なことは、(48)の規則は例外がない、ということで
す。1 つ 1 つの動詞について、各話者がてんでばらばらな
方法で新しい過去形を作ったら、(48)のような規則に落ち
着く可能性はゼロでしょう。やはり生得的な言語知識の導き
があったと考えるのが妥当だと思います。

4章 語彙と文の交流

♆ 1 はじめに

　前の章では語彙と音の交流を扱いましたが、この章は語彙と文の交流を扱います。文の基本的な要素として、主語、目的語、動詞があります。主語と目的語について、日本語と英語の例で確認しましょう。

（1）a. 太郎がりんごを食べた。
　　 b. Taro ate an apple.

日本語では典型的に、「が」がついて動作の主体を表すもの（太郎）が主語で、「を」がつくもの（りんご）が目的語です。英語では、動詞の前に来るもの（Taro）が主語で、動詞の後に来るもの（an apple）が目的語です。動詞は大きく分けて2種類あり、目的語をとる動詞を、**他動詞**と言います。一方「太郎が走った」では、主語は「太郎」ですが、目的語はありません。目的語をとらない動詞を**自動詞**と言います。

　音 ＜ 語 ＜ 文、という言語の単位の中で、文は最も大きい単位であり、語のレベルを超えています。前節では「ニホンザル」で見られる連濁のように、語のレベルで考え、その

中での語と音との関係を見てきました。本節では、語と、語
を超えた文との関係を見ていきます。

　先ほどの他動詞と自動詞の文だけを見ると、単に動詞が他
動詞か自動詞かだけで、文の構成要素が決まるという印象を
受けるかもしれません。しかし以下ではどうでしょう。

（2）太郎が次郎を走らせた。

このような文を**使役文**といいます。誰かに何かをさせる、と
いうことです。（2）では「太郎」が主語で、「を」のついた
次郎が目的語のように見えます。すると「走らせる」という
動詞は他動詞でしょうか。しかし「走らせる」の中には、
「走る」という動詞があります。「走る」は自動詞ですが、
そうすると、使役文では自動詞が他動詞に変わる、と言えそ
うです。「走る」は語と考えられ、また「走らせる」も語と
考えると、この変化は、同じ語なのに、普通の動詞が使役の
動詞になると、文の成分が変わることを意味します。ここに
語と文の交流があります。

　語と文の交流の仕方は、各言語で異なります。例えば英語
の使役文は以下のようになります。

（3）Taro made Jiro run.

（3）は（2）を英訳したものですが、日本語では「走らせた」
とまとまった単位になっているのに対し、英語では made
と run は別々の単語になっています。以下でも同様です。

（4）a. 私は走りたい。

     b. I want to run.

ここでも、日本語では「走りたい」とまとまった単位になっているのに対し、英語では want と run は分かれています。このように、日本語では 1 つの述語が、語のレベルで様々に変化して、文全体の成分を変えていく性質があります。本節ではこうした視点から、いくつかの種類の構文を見ていきます。

⚐ 2　自動詞と他動詞の交替

　まず扱うのは、接尾辞が変わることにより自動詞と他動詞が交替する現象です。以下について考えてみましょう。

（5）a. 窓ガラスが割れた。

     b. 太郎が窓ガラスを割った。

（5a）は目的語がないので自動詞、（5b）は目的語があるので他動詞です。「割れる」、「割る」では共通している部分があり、文字で見ると漢字を共有していることがわかります。このようなペアの動詞は他にも「壊れる・壊す」、「乗る・乗せる」、「落ちる・落とす」など日本語に非常に多くあります。

　これらをローマ字表記にして、語根と接尾辞を分けると次のようになります。

(6) a.　koware-ru/kowas-u

　　b.　nor-u/nose-ru

　　c.　oti-ru/otos-u

(6)の動詞には、語根が母音で終わるものと、子音で終わる
ものがあります。語根の見つけ方は 1 章や 3 章で見ました
が、ここで新しい方法を紹介します。命令形を作るのです。
命令形の接尾辞が -ro ならば語根は母音で終わり、-e なら
ば子音で終わります。koware-ru/kowas-u では、koware-
ro, kowas-e となるので、この分け方が正しいことがわか
ります。

　次に語根の koware- と kowas- を比べると、共に kowa-
の部分が共通しています。そこで語根を kowa- とそれ以下
に分けます。すると、koware-ru/kowas-u は、kowa-re-
ru/kowa-s-u となります。そして真ん中にある re と s は
それぞれ、自動詞と他動詞を表すと考えられます。つまり、
kowa- だけでは自動詞とも他動詞とも決まっていないので、
re と s を加えて自動詞か他動詞かを決定するということで
す。

　同様に他の 2 つも、no-r-u/no-se-ru, ot-i-ru/ot-os-u と
なり、自動詞か他動詞かを決定するのは、r/se, i/os とい
うことになります。これと先程の re/s を合わせると、一つ
の特徴に気付きます。つまり、自動詞の時には r が出てくる
ことが多く、他動詞の時には s がよく出てきます。実際、r
と s だけで自動詞と他動詞の差を決めるペアもあります。

（7）a. mawa-r-u（回る、自動詞）
　　 b. mawa-s-u（回す、他動詞）
（8）a. nao-r-u（直る、自動詞）
　　 b. nao-s-u（直す、他動詞）

　自動詞のrと他動詞のsは、受け身の接尾辞「られ（る）」と使役の接尾辞「させ（る）」と関係があります。「られ（る）」はrを含みますが、受け身で「太郎は殴られた」と言えば、目的語がなく自動詞みたいです。また「させ（る）」はsを含みますが、使役で「太郎を走らせた」と言えば、「を」が出て他動詞みたいです。これは mawa-r-u（回る）と mawa-s-u（回す）で、rとsを交替させることで自動詞と他動詞を区別していることと共通しています。
　rとsの他に、自動詞と他動詞の交替でよく使われるのが、-e- です。これはまず自動詞で出てきます。

（9）　a. yak-e-ru（焼ける、自動詞）
　　　 b. yak-u（焼く、他動詞）
（10）a. nug-e-ru（脱げる、自動詞）
　　　 b. nug-u（脱ぐ、他動詞）

「焼ける・焼く」は、共通する部分は yak で、これだけなら他動詞ですが、eがついて自動詞になっています。「脱げる・脱ぐ」も同様です。
　しかし、これと全く逆のパターンを示すペアもあります。

（11）a.　tat-u（立つ、自動詞）
　　　 b.　tat-e-ru（立てる、他動詞）
（12）a.　susum-u（進む、自動詞）
　　　 b.　susum-e-ru（進める、他動詞）

「立つ・立てる」では、共通する部分は tat で、これだけな
ら自動詞ですが、e がついて他動詞になっています。「進
む・進める」も同様です。これは上の「焼ける・焼く」とは
全く逆のパターンです。以下でもこの反転が起こっていま
す。

（13）a.　muk-u（向く、自動詞）
　　　 b.　muk-e-ru（向ける、他動詞）
（14）a.　muk-e-ru（剥ける、自動詞）
　　　 b.　muk-u（剥く、他動詞）

「向く・向ける」と「剥く・剥ける」は漢字が違うだけで発
音は同じです。しかし muk だと、「向く」は自動詞で「剥
く」は他動詞、muk-e なら「向ける」は他動詞で「剥ける」
は自動詞です。全く同じ e が、あるものにつくと自動詞に
なり、別のあるものにつくと他動詞になるわけですが、よく
考えれば非常に奇妙です。英語に例えて言えば、ed はある
動詞につくと過去を表すが、別のある動詞につくと未来を表
す、というような、ありえない決まりのように見えます。な
ぜ e は 2 つの逆の性質を持つのでしょうか。

　答える前に、もう少し例を見てみましょう。先に述べた r

かsと、eの組み合わせのペアもあります。

（15）a．ag-ar-u（上がる、自動詞）
　　　 b．ag-e-ru（上げる、他動詞）
（16）a．ar-e-ru（荒れる、自動詞）
　　　 b．ar-as-u（荒らす、他動詞）

「上がる・上げる」は、eを他動詞で、「荒れる・荒らす」は
eを自動詞で使います。
　eが２つの逆の性質を持つ理由は、正確にはよくわかっ
ていないのですが、これは日本語に特有のことではなく、英
語でも似たようなことがあります。鍵となるのはeの語源
ですが、それは「得る」の意味を持つ動詞です。そして英語
ではこれに相当する動詞はgetですが、この動詞は非常に
多くの用法があり、受け身にも使役にも使われます。

（17）a．I got hurt.（傷ついた、受け身）
　　　 b．I got John to work.（働かせた、使役）

先に自動詞のrと他動詞のsが、受け身の接尾辞「られ
（る）」と使役の接尾辞「させ（る）」と関係があると述べま
した。rとsの場合は音ではっきり区別できるのですが、e
の場合は、もともと受け身の意味も使役の意味もあるので、
それをそのまま使っているわけです。受け身の意味として語
根に出てくると自動詞を作り、使役の意味として語根に出て
くると他動詞を作ることになります。

　以上、日本語の自動詞と他動詞の交替を見てきましたが、このような複雑な区別は英語にはありません。

(18) a.　The door opens.（開く、自動詞）
　　　 b.　John opens the door.（開ける、他動詞）
(19) a.　The ship sank.（沈む、自動詞）
　　　 b.　They sank the ship.（沈める、他動詞）

open や sink などは、形を変えずに自動詞と他動詞の両方に使われます。英語で形を変えるのは lie（横たわる、自動詞）と lay（横たえる、他動詞）、rise（上がる、自動詞）と raise（上げる、他動詞）くらいで、ほとんどは open や sink と同様に、自動詞と他動詞で形が変わることはありません。

　自動詞と他動詞の話の最後に、この複雑な区別の背後にある日本語の発想を考えてみます。「お茶が入りました」はごく普通に使われる表現ですが、よく考えるとおかしくありませんか。お茶がひとりでに入るわけはなく、誰かが「入れた」はずです。ではなぜ「お茶を入れました」と他動詞を使わないのでしょうか。

　普通、「ドアが閉まった」と自動詞を使ったら、必ずしも人間が介在する必要はありません。風でドアが閉まったかもしれません。しかし日本語の中には人間の意図なしでは起こりえないことが、自動詞で言われることがよくあります。「決まる／決める」もそうです。決定は人間が行うことであり、本来なら他動詞の「決める」しかありえないはずです。

137

しかし、自動詞の「決まる」もよく使われます。「ことになる」と「ことにする」も同様です。以下の２つで、印象はどう違うでしょうか。

(20) a. 明日の朝４時に集合することに<u>なりました</u>。
     b. 明日の朝４時に集合することに<u>しました</u>。

だれだって朝の４時には集合したくはないでしょう。しかし（20a）を告げられたら、これを言った人に文句を言えるでしょうか。「になる」と自動詞を使うことにより、あたかも天の声で決まったような印象を与え、文句が言えなくなります。しかし、誰かが決めたには違いなく、（20b）のように他動詞を使ってこれをはっきり言うと、文句が出てきます。つまり、自動詞を使うことにより、それを言った人の責任を回避するという、ちゃっかりしているというか、都合のいい効果があるのです。

　しかし自動詞には「気づかい」も反映されます。「お茶を入れました」と他動詞を使って言えば、「あなたのためにわざわざお茶を入れたんだから感謝しろ」と言っているようです。これに対し自動詞の「お茶が入りました」は、「お茶が自然に入ったからだれにも申し訳なく思う必要ないですよ」の意図があるように感じられます。何気ない自動詞の用法の中にも、日本語の発想がうかがえます。

✿3　使役
　次に使役の話に移ります。次の文を比べてみましょう。

（21）a.　太郎が花子に本を渡した。

　　　b.　太郎が花子に本を読ませた。

（21a）は単純な動詞「渡す」を含む文ですが、（21b）は
「読む」の使役形「読ませる」があります。2 つの文はパタ
ーンが「～が、～に、～を、～した」という点で非常に似て
います。では文の構造も同じでしょうか。（21a）では、「太
郎」が主語です。目的語が 2 つありますが、「本」は直接目
的語、「花子」は間接目的語といいます。もし（21a）と
（21b）が同じ構造を持つなら、（21b）では「読ませた」は
1 つの動詞であり、「太郎」が主語、「本」が直接目的語、
「花子」が間接目的語となります。はたしてそうでしょう
か。

　この問いに答えるため、（21）を以下のように変えてみま
しょう。

（22）a.　太郎が花子に自分の本を渡した。

　　　b.　太郎が花子に自分の本を読ませた。

（22）は（21）に「自分の（本）」を加えただけですが、（22a）
と（22b）の間には重要な違いがあります。「自分の本」と
は、誰の本のことでしょうか。まず「太郎の本」という解釈
があります。これは（22a）と（22b）に共通しています。し
かし（22b）には「花子の本」という解釈もあります。つま
り、花子はいつも他人の本ばかり借りて読んでいるので、た
まには自分の持っている本でも読みなさい、ということで

す。しかしこの「花子の本」という解釈は(22a)にはなく、そこでは「自分の本」は「太郎の本」の解釈しかありません。なぜこのような差が出てくるのでしょうか。

　上の問題を解くには、まず「自分」の性質を知る必要があります。まず、次の文を考えてみましょう。

(23) 太郎は花子が自分の本をなくしたと言った。

ここでも、「自分の本」とは、「太郎の本」と「花子の本」の両方の解釈が可能です。つまり(22b)と(23)では共通の性質があり、それが「自分」の2つの解釈を可能にしているはずなのですが、その共通した性質とは何でしょうか。

　(23)は「〜と言った」の「〜」の部分が1つの文になっています。(23)は全体も文なので、文の中に文がある構造です。小さい方の文を [　] で表すと、以下のようになります。

(24) 太郎は [花子が自分の本をなくした] と言った。

[　] で表された小さい方の文を**従属節**と呼びましょう。従属節は英文法で聞いたことがある人もいると思います。(24)を英訳すると以下のようになります。

(25) Taro said that [Hanako lost his/her book].

that に続く [Hanako lost his/her book] の部分が従属

節です。日本語と英語は語の配置の順序は異なりますが、従属節を持つという点では同じです。

　まず(23)/(24)で「自分」が2つの解釈を持つ理由を考えましょう。従属節があることが鍵のようですが、従属節がある、ということは、文の中に文がある、つまり文が複数あることです。こうした文を**複文**と呼びましょう。またこれに対し、従属節を持たない文を、**単文**と呼びましょう。次の仮説が考えられます。

(26) 複文において、「自分」は2つの解釈を持つ。

もう少し詳しく言うと、「自分」は主語を指す性質があり、主語が2つある場合に2つの指示の可能性が出てきます。文にはそれぞれ一つ主語があるので、複文は主語が2つあり、(23)/(24)で「自分の本」が2つの解釈を持つことになります。

　ここで(22b)にもどります。

(22) b. 太郎が花子に自分の本を読ませた。

ここでも「自分」は2つの解釈がありましたが、そうすると(22b)は複文なのでしょうか。しかし(24)と違って、従属節があったとしても、どこが境界なのかはっきりしません。そこでまた英語に変えてみましょう。

(27) Taro made [Hanako read his/her book].

ここでは［Hanako read his/her book］（花子が自分の本を読む）という部分を従属節としました。つまり、makeを「引き起こす」という意味とすれば、（27）の意味は、太郎は「花子が本を読む」という状況を引き起こした、ということになります。同様に、（22b）の日本語の使役も、以下のように示すことができます。

（28）太郎が［花子に自分の本を読ま］せた。

1章のローマ字を用いた動詞の分析では、「読ませ」はyom-ase としたので、（28）は正確には以下のようになります。

（29）太郎が［花子に自分の本を yom］-ase- た。

　従属節の中で、「花子」は yom の主語として機能しています。すると主語の「太郎」に対応する動詞は何でしょうか。それは接尾辞の -ase- です。接尾辞が主語をとる、というのは奇妙に思えるかもしれません。しかし（27）の英語と比較すると、この -ase- は英語では make に相当することがわかります。英語ではちゃんとした動詞ですね。それに対応する日本語の -ase- は、動詞（上では yom）にくっついた状態で現れるので、あまり動詞という感じはしないのですが、ちゃんと主語をとるのです。
　本節の最初の問いに戻ると、（21）の2つの文は、以下のように構造が違うことになります。

（30）a.　［太郎が花子に本を渡した］

　　　 b.　［太郎が［花子に本を読ま］せた］

（30a）は単一の動詞「渡す」を含むので、単文です。文は
1 つだけで、それを外側の括弧で表しました。（30b）は
「読む」の使役形の「読ませる」を含みますが、これまで見
たように複文です。複文では文が 2 つあります。（30b）で
は大きい方の文（主節）が外側の括弧で示され、従属節が内
側の括弧で示されています。（30）の 2 つの文は、見かけは
「～が～に～を～た」と似ていますが、構造は異なるので
す。「読ませる」は単純な他動詞ではない、ということで
す。

　次に、前節で見た自動詞と交替する他動詞と、使役の動詞
の違いを見ていきます。自動詞の「止まる」は、それに対応
する他動詞の「止める」がありますが、一方で使役形の「止
まらせる」があります。この 2 つはどう違うのでしょうか。
まず「自分」の解釈で差が出てきます。

（31）a.　太郎が花子を自分の家の前で止めた。

　　　 b.　太郎が花子を自分の家の前で止まらせた。

（31a）では「自分の家」は太郎の家だけですが、（31b）で
は太郎の家の解釈も、花子の家の解釈も、可能です。この理
由はもうおわかりだと思います。（31a）は単文で、主語は
太郎だけです。したがって「自分」が指せるのは太郎だけで
す。一方使役の（31b）は複文です。従属節は［花子を自分

143

の家の前で止ま］の部分です（語根は正確には tomar- ですが）。太郎に加えて花子も主語なので、「自分」の解釈は２つあるのです。

　同様に、動作を伴う副詞でも差が出ます。

（32）a.　太郎が花子を叫んで止めた。
　　　　b.　太郎が花子を叫んで止まらせた。

（32a)の他動詞では、叫んだのは太郎で、多分「止まれ！」と言ったのでしょう。（32b)の使役文でも、太郎が叫んだ解釈もありますが、もう一つ、（個人差もありますが）花子が叫んだ解釈も成り立ちます。つまり花子が「私は今から止まります！」と叫ぶのです。この解釈は（32a)の他動詞にはありません。この差も、（32a)は単文だが（32b)は複文という構造の違いから説明できます。「自分」と同様に、「叫んで」という副詞も、主語と結びつくと仮定します。すると、単文の（32a)では主語が太郎だけなので、太郎だけが叫んだという解釈になります。一方複文の（32b)では太郎も花子も主語なので、２つの解釈が可能になります。

　意味的にも、他動詞と使役形は違いがあります。花子の代わりに川の流れを使ってみます。

（33）a.　太郎が川の流れを止めた。
　　　　b.　＃太郎が川の流れを止まらせた。

（33a)は普通ですが、（33b)は奇妙な意味になってしまい

ます。(# は意味的におかしいことを表します。)あたかも川に意志があって、「太郎が言うから止まろうかな」と言って止まったようです。これも、使役形を使うと「川の流れ」が主語になることと関係しています。主語になるから意志があるように感じてしまうのです。(32a)の例に戻ると、「花子を止めた」というのは、「川の流れを止めた」のように、花子を物のように扱い、花子の意志は関係ありません。しかし「花子を止まらせた」と言えば、花子は意志を持ち、太郎の指示に従うかどうか、たとえ一瞬でも考えます。(32b)で太郎が指示を出してから花子が止まるまで、少し時間差があるように感じるのはそのためです。

　以上、他動詞と使役形の意味の違いを見ましたが、使役形でも、助詞により細かい意味の違いがあります。以下の2つはどう違うでしょうか。

(34) a.　太郎が息子を行かせた。
　　　b.　太郎が息子に行かせた。

(34a)では無理矢理行かせた感じがするのに対し、(34b)では息子が行きたがっていて、それに許可を与える感じです。これはちょうど英語の make(強制)と let(許可)の違いに相当します。この差は、無生物を使うともっとはっきりします。

(35) a.　太郎が車を走らせた。
　　　b.　#太郎が車に走らせた。

（35b）の意味がおかしいのは、車が意志を持って、「僕に走らせて下さい」と頼んでいるかのような印象を与えるからです。人間を主語に使っても「に」が使えない時があります。

（36）a. 太郎が次郎を気絶させた。
　　　b. #太郎が次郎に気絶させた。

「気絶」とは普通やろうと思ってやれることではありません。したがって、（36b）のように「に」を使うと、次郎が「気絶したいんだけどいいですか」と太郎にお伺いをたてているようで、おかしいのです。
　以上、「に」を使うか「を」を使うかによって、許可と強制の差が出ることを見ました。（34）では元の動詞は「行く」という自動詞でしたが、「りんごを食べる」という他動詞ではどうでしょうか。

（37）a. 太郎が息子<u>に</u>りんごを食べさせた。
　　　b. *太郎が息子<u>を</u>りんごを食べさせた。

不思議なことに、（37b）のように「息子を」とすることはできません。（34a）と同様に強制の意味を持ちそうですが、（37b）は非文法的です。（37a）で許可と強制の両方の意味を兼ね備えています。なぜ（37b）は言えないのでしょうか。それは「を」の性質と深く関わっています。以下を考えてみましょう。

(38) a.　太郎が英語<u>を</u>勉強した。

　　　 b.　太郎が英語の勉強<u>を</u>した。

　　　 c.　*太郎が英語<u>を</u>勉強<u>を</u>した。

(38a)や(38b)のように、「英語」の後にも「勉強」の後にも「を」をつけることは基本的に可能ですが、(38c)のように両方に「を」がつくと、非文法的になってしまいます。これは「二重『を』格制約」(the double-*o* constraint)と呼ばれます。そしてこれは単文における決まりで、複文にはあてはまりません。

(39) 太郎が絵を盗んだ犯人をつかまえた。

ここでは「を」が2つありますが、文法的です。理由は、これが複文で、[絵を盗んだ]という文(関係節)が含まれているからです。

　なお、(37b)が非文法的であることをもって、使役の文は複文では現れず単文でのみ現れる、という主張する説があります。つまり使役の文が複文なら、(39)と同様に文法的になるはずなので、(37b)が非文法的であることは、使役の文は単文である証拠だ、という主張です。この説には、複文の立場から反論することができます。つまり、(37b)の「を」による証拠は、「息子を」が主語で、[息子をりんごを食べ]の部分が1つの文だと仮定すれば、一つの文の中に「を」が2つ出てくるので非文だ、という説明がつきます。言いかえれば、[息子をりんごを食べ]が1つの文(従属

147

節）であるだけで、［太郎が［息子をりんごを食べ］させた］全体は依然として複文と考えられる、ということです。

　もう１つ、使役の文は単文だという説の証拠とされるものがあります。最近の若い世代は使わなくなりましたが、動詞を繰り返して「～しながら」という動作の継続を表すことがあります。これに関して、以下の観察があります。

（40）a.　ご飯を食べ食べ
　　　b.　ご飯を食べさせ食べさせ
　　　c.　*ご飯を食べさせさせ

使役動詞を反復する時、「させ」もいっしょに繰り返さなければならず、「させ」だけを反復すると、（40c）のように非文法的となります。このことは、使役で単文の構造を主張する説によれば、「食べさせる」は「渡す」と同じくひとまとまりの動詞だから、ということになります。複文の説で重要なのは、使役の動詞は tabe-sase のように語根と接尾辞に分けられることです。これができず、「食べさせ」で１つの動詞であれば、使役の文は単文である、というのが単文派の主張です。

　この証拠にも、複文の立場から反論することができます。それは反復ができるのは、独り立ちできる語だ、と仮定することです。接尾辞は定義上、独り立ちはできず、語根によりかかる必要があります。語根はそれだけで独り立ちできるので、「食べ食べ」は可能です。語根プラス接尾辞も同様で、「食べさせ食べさせ」は可能です。しかし「させ」だけでは

独り立ちできないので、「させさせ」は言えないのです。英語でも、I walked and walked. とは言えても、*I walked and ed. とは言えませんが、これは ed が独り立ちできないからです。

❦ 4　複合動詞

前節では使役文を扱いましたが、そこでは日本語と英語の違いにも触れました。

(41) a.　太郎が花子に本を読ませた。
　　　b.　Taro made Hanako read a book.

ここで、日本語では「読ませた」が 1 語のように見えますが、英語は made と read が分かれています。上ではいくつかの証拠を基に、日本語の使役の構造も、英語に似ていて、以下のようになっていると分析しました。

(42) 太郎が［花子に本を読ま］せた。

このことを念頭に、以下を考えます。

(43) a.　太郎が本を読み始めた。
　　　b.　Taro started to read a book.

(44) a.　太郎が薬を飲み忘れた。
　　　b.　Taro forgot to take medicine.

（a）の日本語の英訳が（b）です。日本語では「読み始めた」、「飲み忘れた」と複合語を使っていて、見かけは 1 語になっています。一方英語では、相当する部分が start to read, forget to take と 2 語以上になっています。それでは、（41a）を（42）と分析したように、（43a）と（44a）も、見かけとは違う分析をすべきでしょうか。

　ここで動詞と目的語の関係について考えます。（43a）で「本」は「を」がついているので、目的語なのですが、では何の目的語でしょうか。「読み始めた」という動詞の目的語でしょうか。しかし本は読むものであり、「本を始める」という言い方はしません。すると、「本」は「読む」の目的語だと思われます。（43a）を言い換えれば、「本を読むことを始めた」ということになり、英語の（43b）はこれに対応しています。（to 不定詞は「〜すること」という名詞的用法です。）つまり「始めた」という動詞は、「本を読むこと」という意味に相当する目的語をとっているのです。同様に（44a）でも、「薬」は「飲む」の目的語であり、「忘れる」は「薬を飲むこと」という意味に相当する目的語をとっています。分析は以下のようになります。

（45） a. 太郎が［本を読み］始めた。
　　　 b. 太郎が［薬を飲み］忘れた。

　2 章で日本語では複合語が豊かだということを見ましたが、その一種である複合動詞は数が多く、特徴も多彩で、たくさん研究されています。「読み始める」、「飲み忘れる」の

他にもタイプの異なる複合動詞があり、本節ではそれらを見ていきます。

　次のような複合動詞を考えましょう。

（46）押し倒す、投げ渡す、駆け上がる、切り落とす

これらの複合動詞は、例えば以下のように使います。

（47）太郎が次郎を押し倒した。

これはどんな構造をしているでしょうか。（45）と同様に、［次郎を押し］倒した、となるでしょうか。（45a）で、［本を読み］始めた、と分析したのは、意味的に「本を読むことを始めた」だからでした。一方（47）は、「太郎を押すことを倒した」では意味が通じません。よって、［次郎を押し］倒した、という分析はできないということになります。ここでは「押す」と「倒す」の結びつきが強く、次郎を［押し倒した］、というようなまとまりになります。つまり「次郎」は、「押し倒す」という複合動詞全体の目的語、ということです。

　「読み始める」と「押し倒す」が違う構造を持っているという証拠として、以下があります。

（48）a．太郎が本を読み始めて、次郎もそうし始めた。
　　　b．*太郎が次郎を押し倒して、花子もそうし倒した。

(48a)は、［本を読み］始めた、の括弧の部分を、「そうする」という代用の表現で置き換えています。同じことを「押し倒す」でやろうとすると、（48b）のように非文法的となります。この理由は、「そうする」に対応するまとまりが、「押し倒す」の文ではないからです。「そうする」が置きかわるには、［次郎を押し］倒した、というまとまりが必要なのですが、このようなまとまりではないから、（48b）は不可能なのです。「読み始める」のようなタイプの複合動詞を、**統語的複合動詞**と言います。一方「押し倒す」のようなタイプは、**語彙的複合動詞**と言います。

　統語的複合動詞と語彙的複合動詞という用語は広く受け入れられていますが、どこでこの 2 つを区切るか、というところで研究者の意見は分かれます。その理由は、この 2 つを区別する基準（テスト）が複数あり、それぞれから得られる結果が異なるからです。（48）では「そうする」が「読み始める」と「押し倒す」を区別することを見ました。しかし「飲み忘れる」で同じことをしても、あまりうまくいきません。

（49）?? 太郎が薬を飲み忘れて、次郎もそうし忘れた。

?? は、完全に非文法的ではないけれど、かなり悪い、ということを表します。（45）で見たように、「読み始める」と「飲み忘れる」は同じ構造を持つはずですが、「そうする」のテストは違う結果を出します。これは「そうする」が可能になる条件として、構造の他に、主語が意志を持つ、という

ことがあるからです。本を読み始めるのは意志を持ってする
ことですが、薬の飲み忘れはうっかりした結果で、わざとす
ることではないからです。

　では次の例は、統語的複合動詞と語彙的複合動詞のどちら
でしょうか。

(50) a.　太郎が本を持ち去った。
　　　 b.　太郎がかばんを持ち歩いた。
　　　 c.　私たちは思い出を語り明かした。

(50a)で「本」は「持つ」の目的語です。「去る」は自動詞
なので、目的語は取らないからです。(50b)も同様で、「か
ばん」は「歩く」の目的語ではありません。(50c)では、
「明かす」の目的語はあるとすれば「夜」なのでしょうが、
それは出ておらず、「明かす」とは関係がない「思い出」が
文に出ています。すると、(50)は以下の構造を持つのでし
ょうか。

(51) a.　太郎が［本を持ち］去った。
　　　 b.　太郎が［かばんを持ち］歩いた。
　　　 c.　私たちは［思い出を語り］明かした。

(51)の分析では、これらの動詞は統語的複合動詞となりま
す。しかし「そうする」はうまくいきません。

(52)　*太郎が本を持ち去って、次郎もそうし去った。

このことから、「持ち去る」や「持ち歩く」は語彙的複合動詞と判定する可能性もあります。しかし(49)で見たように、「そうする」のテストは信ぴょう性に欠けるところもあり、はっきりしません。

　そこで他のテストを試してみます。似ているのですが、漢語に「する」をつけて、複合語の左側に入れてみるのです。

(53) a. 統語的複合動詞
　　　　　勉強し始める　　　修理し忘れる
　　　 b. 語彙的複合動詞
　　　　　*激突し倒す　　　（「突き倒す」は可能）
　　　　　*勝利し上がる　　（「勝ち上がる」は可能）

(53a)では、「〜始める、〜忘れる」という、(45)で分析したように問題なく統語的複合動詞と思われるものの左側で、「勉強する、修理する」などを使ったものですが、問題ありません。一方(53b)は、「突き倒す、勝ち上がる」という語彙的複合動詞で、左側を同じ意味の漢語にして「する」を入れたものですが、非文法的です。この差を念頭において、以下を考えます。

(54) 借金し歩く　　　　　　議論し明かす

これは「持ち歩く、語り明かす」という、(50)/(51)で使った複合動詞の左側で、漢語と「する」を使ったのですが、文法的です。似た表現で、「挨拶し回る」があります。

（54）が可能なことから判断すると、「持ち歩く、語り明かす」は統語的複合動詞に近い性質を持つことになります。このように一部の複合動詞は語彙的か統語的か曖昧なものもあり、この区別自体が段階的であること示唆します。つまり語彙的か統語的かは、数学のプラスとマイナスのようにはっきり決められるものではなく、この程度まで語彙的だが、残りの部分は統語的だ、というようになっている、ということです。

　語彙的複合動詞の次の問題として、どんな動詞の組み合わせが可能か、ということあります。まず大きな傾向として、同じ種類の動詞が結びつきます。その中でも特に多いのが、他動詞が2つ合わさった例で、（46）のリストでは「押し倒す、投げ渡す、切り落とす」がこのタイプです。他にも以下のような例があります。

（55）たたきこわす、しめ殺す、張りつける

　自動詞が2つ合わさったものもあります。この時の組み合わせとして、似たような2つの自動詞が使われることが多いです。以下のような例があります。

（56）a.　意志をもって行う自動詞の組み合わせ
　　　　　　笑い転げる、駆け回る、飛び跳ねる

　　　b.　物体の現象を表す自動詞の組み合わせ
　　　　　　転がり落ちる、したたり落ちる、流れ出る

(56a) は意志を持って行う動詞の組み合わせです。「駆ける」も「回る」も、人が意志を持って行う行動を表します。「飛び跳ねる」は、2つの動詞が同じ行為のことを言っている並列複合語の例として、2章でも触れました。これに対し (56b) は、物体の現象を表す動詞の組み合わせです。「転がる」も「落ちる」も、典型的にはものに対して起こるの現象で、人間が転がり落ちることもありますが、これは意志に反して行うことです。

　では自動詞と他動詞が組み合わさったらどうなるでしょうか。これは自動詞の主語が意志を持つかどうかで異なります。意志を持つ場合は、以下のように他動詞と結合が可能です。

（57）飛び乗る、泣き濡らす

ここで左側の動詞は、「飛ぶ、泣く」で、意志を持って行う行為です。「電車に飛び乗る」は「に」が使われていますが、目的語と考えます。「泣き濡らす」は「ハンカチを泣き濡らす」のように使います。

　一方、自動詞が物体の現象を表す時は、他動詞との組み合わせに制限があります。以下を考えます。

（58）＊太郎が次郎を押し倒れた。

これは「太郎が次郎を押して、次郎が倒れた」の意味のつもりですが、「押し、倒れた」と2つの動詞の間にポーズを置

かない限り、非文法的です。複合動詞の組み合わせには、こ
れとこれはなぜかわからないけど結びつかない、という偶然
の穴（accidental gap と言います）があるのですが、
（58）のような例はおしなべて不可能です。この理由を以下
で考えてみます。

　（58）が言えない理由として、直感的に「押し倒れた」と
いうと自動詞のようだから、というのが思いつくかもしれま
せん。自動詞だから、目的語が取れない、ということです。
そしてその直感は当たっています。2 章で見た、右側主要部
の規則を思い出してください。

（59）右側主要部の規則
　　　語の中では、右側に来た要素が、その語の性質を決
　　　める。

2 章では「性質」の具体例として、品詞と意味を挙げまし
た。目下の議論では、自動詞か他動詞かということが、複合
語の性質として重要となってきます。（58）の「押し倒れ
る」は、右側が自動詞なので、複合語全体も自動詞となり、
目的語が現れることができないのです。

　それでは、全体が自動詞になれば、他動詞と自動詞の組み
合わせは可能でしょうか。以下を考えます。

（60）a. 花子が着物を着くずした
　　　b. ＊花子が着物を着くずれた
　　　c. 着物が着くずれた

（60a）は右側の動詞が「くずす」と他動詞なので、複合語全体で他動詞になり、目的語を取ることができます。これを「くずれる」と自動詞に変えると、（60b）のように非文となります。これは（58）と同じです。しかし（60c）のように、目的語をなくし、全体を自動詞として使えば可能となります。このような例は数は多くありませんが、他にも以下のようなものがあります。

（61）積み重なる、打ち上がる、入れ替わる

これらは皆、右側が自動詞なので、目的語をとらない文の中で、（60c）のように使えます。
　右側主要部の規則が決める性質のもう1つに、目的語に「を」がつくか「に」がつくか、ということがあります。

（62）太郎が次郎に追いついた。

ここで目的語の「次郎」には「に」がついています。これは「追う」の助詞ではなく、「つく」の助詞です。

（63）次郎を追う、次郎につく

つまり、「追いつく」は左側の動詞が「を」を取り、右側の動詞が「に」を取るのですが、「追いつく」全体では（62）のように「に」を取ります。これも右側主要部の規則の例証となります。他に「かみつく」も同じパターンを示します。

　最後に右側主要部の規則が決める、さらなる特徴を見ます。それは目的語の正統性です。以下を考えます。

（64）a. 服の汚れを洗い落とす
　　　b. 決勝戦に勝ち上がる

ここで「汚れを」や「決勝戦に」は、複合語の中の、どちらの動詞の目的語でしょうか。（64a）では、洗うのは服であり、汚れではありません。汚れは「落とす」ものです。よって「洗い落とす」の中で、「落とす」の部分が複合語全体の目的語を決めています。（64b）でも同様で、ここの意味ではまだ決勝戦で勝ったわけではないので、決勝戦に「勝つ」というのは不適切です。正しい解釈は、決勝戦に「上がる」ということです。やはり「勝ち上がる」では右側の「上がる」が目的語を決めています。右側主要部の規則がここでも働いています。

　では「次郎を押し倒す」ではどうでしょう。次郎は「押す」ことも、「倒す」こともできます。そして「次郎を押し倒す」は、「次郎を押して、倒す」という意味なので、右側の動詞と左側の動詞が仲良く、対等に目的語を決めているのでしょうか。必ずしもそうではありません。以下を考えます。

（65）a. 太郎が次郎を押し倒した。
　　　b. *太郎が次郎の背中を押し倒した。

目的語が「次郎」だったらいいのですが、「次郎の背中」になると非文法的です。この理由は、次郎の背中は押すことはできても、倒すことはできないからです。（65b）がおかしいのは、「次郎の背中」が「押し倒す」の正統な目的語ではないからです。では何が正当な目的語を決めているかというと、ここでも右側にある、主要部の「倒す」なのです。「倒す」が「太郎の背中」を目的語に取れないため、「押し倒す」全体でも、「太郎の背中」を目的語に取れないということです。このように右側主要部の規則は、様々な場面で顔を出してきます。

5 章　日本語と他言語（英語）の比較

♀ 1　はじめに

　本書のタイトルの「じっとしていない」の意味の1つに、「社交的」ということがあります。3章と4章で、語彙が音や文と交流する際の条約として、様々な規則や法則があることを見ました。そしてこれは日本語に限ったことではありません。言語学の醍醐味の1つが、異なる言語の比較と普遍性の発見です。本章では日本語と他言語（主に英語）の語彙の規則を比較することで、どんな点が共通していて、どんな点が各言語に特有か、ということを見ていきます。

　2章1節で、語では右側に来るものがその語の性質を決める、ということを見ました。右側主要部の規則と呼びましたが、英語でも日本語でもあてはまり、以下で示されます。

(1) a.　child（子供、名詞）
　　 b.　child<u>ish</u>（子供っ<u>ぽい</u>、形容詞）
　　 c.　childish<u>ness</u>（子供っ<u>ぽさ</u>、名詞）

右側主要部の規則の他にも、日本語と英語に共通する特徴があります。本章ではその特徴をいくつか見ていきます。

❦ 2 括弧不一致

　語彙は意味のまとまりを成しています。例えば英語の short という語彙は、「短い」という意味を持ち、人間を修飾する時は「背が低い」という意味になります。したがって、short man と言えば、「背が低い人」という意味になります。これは short という意味のまとまりと、man という意味のまとまりが、単純に合わさった結果です。

　では、short sleeper はどんな意味でしょうか。sleeper は、sleep（眠る）という動詞に、「〜する人」の意味の -er がついたのですが、そうすると、short sleeper は「背が低い、眠る人」という意味になるのでしょうか。でも何かおかしいですね。そもそも人は誰でも眠ります。teacher の様に、「教える人」という語を作る意味はありますが、あえて「眠る人」という語を作る意味はあるでしょうか。「背が低い、眠る人」という解釈は間違いで、short sleeper は「睡眠時間が少ない人」を意味します。無理して睡眠時間を削ることではなく、生まれつき、例えば 4 時間以下の睡眠で済んでしまう人のことです（ナポレオンがそうだったと言われています）。ではこの意味では short という形容詞は何を修飾しているのでしょうか。人を修飾するなら、「背が低い」という意味になるはずです。「睡眠時間が少ない人」の意味から考えると、short sleeper で short は sleep という動詞の部分だけを修飾しています。つまり er は修飾から除外されているのです。言語学ではこうした状況で、括弧を使い、[short sleep]er という風に書き表します。これは文での本来の動詞の to sleep short（短く眠る）という言

162

い方に対応しています。

　[short sleep]er のような状況を、**括弧不一致**と呼びます。英語では bracketing paradox というのですが、パラドックスとは、矛盾、謎という意味です。単語の区切りでは [short] [sleeper] なのに、意味の区切りでは [short sleep]er となるからです。

（2）short sleeper の括弧不一致
　　a. 語の区切り：[short] [sleeper]
　　b. 意味の区切り：[short sleep] er

こうした表現は他にもあります。nuclear physicist（核物理学者）は nuclear physics（核物理学）を基にできています。よって意味のまとまりは [nuclear physic]ist ということになります。ist は「人」を表す接尾辞です。同様に criminal lawyer（刑法専門弁護士）は、criminal law（刑法）が基で、意味のまとまりは [criminal law]yer となります。

　なお、criminal lawyer は「罪を犯した弁護士」の意味もあります。この場合は意味のまとまりとしても、語のまとまりと同じ [criminal] [lawyer] です。criminal には「罪を犯した」という意味があり、それが lawyer という人物全体を修飾しています。nuclear physicist の時は、nuclear（核）が人物を修飾しても意味をなさないので、1つの意味しかなかったのですが、criminal lawyer は「刑法専門弁護士」と「罪を犯した弁護士」の2つの解釈が可

能です。同様に beautiful dancer も2つの意味があります。1つは「（容姿が）美しい踊り手」という意味で、意味のまとまりが [beautiful] [dancer] となり、beautiful（美しい）が踊り手という人間全体を修飾します。もう1つは「美しく踊る、踊り手」という意味です。この場合は、意味のまとまりが [beautiful danc]er となり、[beautiful danc(e)] という、「美しく踊る」という部分に「人」を表す er がついています。

　こうした括弧不一致は、どんな時に起こるのでしょうか。以下の対比を考えましょう。

（3）a. French historian（フランス史の専門家）
　　 b. * recent historian（最近の歴史の専門家）

ここで、French historian（フランス史の専門家）は、[French histori]an という意味のまとまりで、-an は「人」を表します。一方で同様なことを* recent historian（最近の歴史の専門家）にすることはできません。[recent histori]an という意味のまとまりは作れないのです。（3a）と（3b）で何が違うのでしょうか。それは French history という表現が、「フランス史」という常套句として確立しているのに対し、recent history は確立していない、ということです。これが、[recent histori]an という意味のまとまりが不可能な理由です。recent は historian という人物全体を修飾するしかなく、しかし「最近の」という意味では人間は修飾できないので、（3b）は非文法的になります。（な

お、（3a）は「フランス人の歴史家」という意味も可能です。この場合は、[French]［historian］という意味のまとまりになります。）上で見た nuclear physicist も criminal lawyer も、nuclear physics, criminal law という常套句が確立している点が重要です。

　ここまで、語根に接尾辞がつく派生における括弧不一致を見てきました。ここで常套句があるかどうかが決め手になることを見たのですが、語と語が合わさってできる複合語でも、同様に常套句が関わってきます。例えば big apple pie はどんな意味でしょうか。日本語でも状況は同じなのですが、「大きなりんごパイ」とは、何が大きいでしょうか。大きなりんごが上にのっているパイでしょうか。違いますね。焼きりんごのサイズは普通ですが、パイ自体が大きいことを意味します。同様に英語の brown doghouse、日本語の「茶色い犬小屋」も、茶色いのは犬ではなく、犬小屋です。

　このことを念頭に、French history teacher を考えます。先ほどの French historian と同様に２つの意味があります。意味のまとまりと共に示すと、以下のようになります。

（4）a.　French [history teacher]（フランス人の歴史教師）
　　　b.　[French history] teacher（フランス史の先生）

（4a）が、複合語で普通に見られる修飾です。history teacher（歴史教師）という複合語に形容詞の French がつくと、その人間全体を修飾して、この場合はフランス人で

ある歴史教師、という意味になります。そして(4b)は、常套句がなせる技です。big apple pie の時は許されなかった構造なのですが、French history という言い方が確立しているために、可能となるのです。図式化して、修飾語＋[X-Y]というパターンを考えます。ここで[X-Y]は複合語で、X は最初の語、Y は２番目の語です。普通この構造では修飾語は X だけを修飾することはできません。修飾語＋Xが、常套句として確立している時だけ、修飾語＋[X-Y]は、[修飾語＋X]-Y という意味のまとまりが可能になるのです。

　他にも以下の対比があります。

(5) a. small car driver （小型車を運転する人）
　　 b. ＊green car driver （緑色の車を運転する人）

small car は「小型車」として確立した言い方なので、(5a)は可能です。しかし green car は確立していないので、(5b)は不可能です。強いて解釈すれば、(5b)は運転手が緑色だ、という奇妙な意味になります。仮に近い将来、環境保護のため運転できる車が制限され、色ごとに運転できる日が決まっている状況を想像しましょう。例えば水曜日は緑色の車だけが運転可能、というようにです。こうした仮想上の世界では、green car は常套句として確立して、(5b)も可能になるでしょう。

　ここまでは派生にしろ、複合語にしろ、２つ以上の語が絡んでいる時の括弧不一致を見てきました。しかし１語の中で括弧不一致があることもあります。unhappier がそうで

す。

(6) a. [unhappi]er （意味のまとまり）
　　 b. un[happier] （音のまとまり）

[unhappi]er は 意 味 の ま と ま り で す。unhappier は
unhappy（不幸な）の比較級で、「より不幸な」という意味
です。「A は B より不幸だ」という文では、不幸の基準にお
いて、A の方が B よりも水準が高いことを意味します。こ
れに対して、un[happier] は意味としては正しくありませ
ん。un[happier] は happier（より幸福）を否定している
だけです。「A は B より幸福というわけではない」というこ
とですが、これは A と B が同等の幸福でも言える文です。
これは「より不幸」という unhappier の意味とは異なりま
す。しかし un[happier] は音のまとまりとしては正しい分
析です。英語では長い形容詞を比較級にする時は、er では
なく more をつけます。この「長い」というのは具体的に
は 3 音節以上のことで、音節は概ね母音が相当します。例
えば、音節の部分に下線部を引くと、be<u>au</u>t<u>i</u>f<u>u</u>l は 3 音節
なので、比較級は more beautiful です。もし [unhappi]er
が音のまとまりだったら、間違った比較級になってしまいま
す。<u>unhappy</u> は 3 音節です。したがって、もしこれが比較
級になるなら、* more unhappy となるはずです。しかし
これは間違いで、正しくは unhappier です。これが意味す
ることは、unhappier は音の分析としては、un[happier]
となり、happier という比較級が最初にあり、それに un が

ついた、となるわけです。h<u>a</u>ppy は 2 音節なので、これを比較級にすると happier となり、それに un がついたら unhappier となるのです。以上をまとめると、(6)のように、unhappier は意味のまとまりで見るか、音のまとまりで見るかで、2 種類の括弧づけが可能だということになります。

　英語の括弧不一致の話の最後に、括弧不一致ではうまく説明できない例を見ます。chemical engineer は「化学分野専門の技師」という意味ですが、これは専門職なので、先の criminal lawyer（刑法専門弁護士）と似ています。ではそれと同様に [chemical engine]eer と括弧をつけるのがいいでしょうか。しかし [chemical engine] は「化学的エンジン」となり、意味をなしません。そもそも engineer（技師）と engine（エンジン）は語源的には関係があるのかもしれませんが、現代の用法では意味的に乖離しています。したがって意味のまとまりとしても、[chemical][engineer] とするしかありません。解釈としては chemical（化学的）は engineer（技師）を修飾しますが、人間全体として修飾するのではなく、専門性の部分を修飾する、ということになります。

　同様なことが old friend（旧友）にも言えます。これは「高齢の友人」の意味もありますが、「旧友」の意味では、若い人にも使えます。例えば幼稚園からの友人は、20 代でも old friend（旧友）と呼べます。そしてここで重要なのは、friend はこれ以上分割できない、ということです。先の化学技師と同様に、old という意味が friend の人間全般

ではなく、一部の役割を修飾しているのです。英語の old は「時間が長い」という意味です。そして人間には様々な役割があります。人間一人一人が場面や状況によって、複数の役割（役職・肩書き）を持ちます。その中で、友人という役割のみを取り出して、old という修飾語で修飾した結果が「旧友」という意味になるのです。一方「高齢の友人」は人間全般を修飾して、「生まれてから時間がたった」という意味になります。この場合は、たとえ同じ人間が店の客になったとしても、「高齢」の意味の old の解釈になります。

　以上のように考えると、criminal lawyer（刑法専門弁護士）も、［criminal law］yer とは考えず、［criminal］［lawyer］と分析しても正しい解釈が得られるかもしれません。読者のみなさん、考えてみてはいかがでしょう。

　次は日本語の括弧不一致に移ります。先に見た英語の括弧不一致の例をそのまま訳しても、括弧不一致は出ません。例えば「核物理学者」は［核物理学］者となりますが、語のまとまりもこのように考えることもできるので、括弧不一致はありません。しかし日本語でも括弧不一致は起こります。前章で見ましたが、使役文や複合動詞で括弧不一致が起きています。語のまとまりとしては、これらは以下のように示されます。

（7）a.　太郎が花子に本を［読ませた］。
　　　b.　太郎が本を［読み始めた］。

しかし意味としては、以下のような異なるまとまりがあるこ

とを見ました。

(8) a. 太郎が [花子に本を読ま] せた。
　　b. 太郎が [本を読み] 始めた。

　この他の、日本語における括弧不一致を以下で見ていきます。まずは以下のような例です。

(9) a. 父の墓参り　　　b. 朝顔の種まき

ここでは、語、あるいは音のまとまりとしては [父の] [墓参り]、[朝顔の] [種まき] となっています。特に後半の [墓参り]、[種まき] は複合語として、1 つのアクセントを持ち、「はかま'いり」、「たね'まき」の様に、複合語のアクセントの規則を忠実に守っています（詳細は 3 章を思い出してください）。一方、意味のまとまりとしては、上の例は [父の墓] 参り、[朝顔の種]まき、となります。それぞれ、「父の墓に行く」、「朝顔の種をまく」という意味だからです。（ここでは「父が墓参りをする」という解釈は除きます。）この点が括弧不一致ということになります。

　では日本語の複合語での括弧不一致はどんな時に可能でしょうか。これを知るためには「言えないこと」をあえて探す必要があります。例えば父の馬に乗ることを、「*父の馬乗り」とは言えません。この表現は、「父が馬に乗る」という意味なら可能ですが、*[父の馬]乗りという意味のまとまりでは不可能です。これは「墓」や「種」という名詞と、

「馬」という名詞の意味の違いに起因します。「墓」や「種」は関係性を表す名詞です。例えば墓は必ず誰かが眠っています。種は必ず何らかの植物の種です。こうした関係を要求する名詞を関係名詞と言います。それに対し、馬は誰かに所有される必然性はなく、実際に野生の馬もいます。つまり「馬」は関係名詞ではないので、「*父の馬乗り」は言えないのです。

　先に英語の括弧不一致で、常套句が条件となることを見ました。日本語の括弧不一致ではどうでしょう。以下を考えます。

（10）きれいな街づくり

ここで「街づくり」は連濁が起きていて、1つの複合語です。一方意味のまとまりとしては、［きれいな街］づくりとなります。「街」は関係名詞かもしれませんが、（10）では修飾語は形容詞です。関係名詞が関与するなら、「父の墓参り」のように、複合語の前の部分にその関係が現れるはずですが、（10）ではそうなっていません。つまり（10）が可能なのは、「街」が関係名詞かどうかということとは別の理由だということです。そこで関係してくるのが、常套句です。（10）は特定の、前向きな（エコな）意味を持つ修飾語に限って可能なようです。「きれいな街」というのは、頻度からして確立された表現だ、ということです。「きれいな」の代わりに「住み良い」とか「持続可能な」も使えるでしょう。これも常套句の一種と言えます。一方前向きな意味ではない

「??巨大な街づくり」としたら、容認度が落ちます。同様に「*大きな馬乗り」は言えませんが、これも「大きな馬」は確立された表現ではないからです。

　(9)や(10)の日本語の括弧不一致の例は、複合語の右側が元は動詞で、左側がその目的語の関係にあるものでした。他には、形容動詞とその主語でも、括弧不一致が起こることがあります。以下はインターネットから実際に拾った例です。

(11) a.　メディア業界での経験豊富なゲイル氏
　　　 b.　海外自由旅行知識と経験豊富なスタッフ

「豊富な」というのは形容動詞で、「経験豊富な」というのは、「経験が豊富だ」という意味なので、「経験」は主語です。(11a)で、語のまとまりは［メディア業界での］［経験豊富な］となっていて、「経験豊富」という複合語を成しています。一方、意味のまとまりは［メディア業界での経験］［豊富な］なので、括弧不一致が起こっています。(11b)でも同様に、［海外自由旅行知識と］［経験豊富な］と、［海外自由旅行知識と経験］［豊富な］という２つのまとまりがあります。

　以上、日本語の複合語での括弧不一致を見てきました。日本語の派生ではどうでしょうか。上で見た英語のFrench historianのような括弧不一致は起こるでしょうか。日本語の接尾辞は、英語と違って単なる語のみならず、(8)のように語のまとまりにつく性質があります。この「語のまとま

り」のことを**句**と言いますが、この性質により、日本語の派生では、英語の派生とは違った性質の括弧不一致が起こります。

　例として動詞について、「〜する人」の意味の名詞を作る、「手」を考えます。「書き手」、「読み手」などがありますが、以下の2つの例を考えましょう。

（12）a.　会長<u>の</u>なり手がいない。
　　　 b.　会長<u>に</u>なり手がいない。

助詞の選択に「の」と「に」があり、どちらでも意味は同じです。「会長」も「なり手」も名詞で、名詞をつなぐ助詞は「の」なので、（12a）は「会長の発言」と同じような、特に問題のない言い方です。問題は「の」ではなく、「に」が使われている（12b）です。この「に」は、「会長になる」という文で出てくる「に」です。よって、「会長になり手」は意味の、あるいは文のまとまりとしては［会長になり］［手］となっています。一方、語のまとまりとしては［会長に］［なり手］なので、括弧不一致が起こっています。3章で見たように、「〜する人」の意味の「手」は、1つの語とも、接尾辞とも考えられます。接尾辞として認識している話者にとっては、（12b）は容認度が落ちるかもしれません。

❦3　ずうずうしい隣人とつつましい隣人

　ここまで語彙とその周辺の、多くの関わり合いをみてきました。本書ではこの関係を、擬人化して社交性と呼んでいま

す。さらにこの比喩を進めると、接尾辞に関しては、隣人として ずうずうしいものと、つつましいものが、日本語でも英語でもあります。それを本節では、アクセントなどの発音を中心に見ていきます。

　まず前提として、日本語の動詞のアクセントを考えます。3章で日本語の名詞では、最後から3番目の拍にアクセントをつけるのが基本だということを見ましたが、動詞ではどうでしょうか。アクセントがない動詞と、最後から2番目の拍にアクセントが来る動詞の2種類に分かれます。

(13) a. 無アクセント
　　　　 かう（買う）、にる、あける、さがす、あびせる
　　 b. 最後から2番目の拍にアクセント
　　　　 みꞌる、およꞌぐ、はしꞌる、たべꞌる、たずねꞌる

では動詞にアクセントがある場合は、最後から2番目の拍に来る、と考えていいでしょうか。その前に、(13b)とその過去形の対応を考える必要があります。

(14) みꞌた、およꞌいだ、はしꞌった、たꞌべた、たずꞌねた

最初の3つは、現在形（終止形）と同じ文字の位置にアクセントがありますが、「たꞌべた、たずꞌねた」に関しては、「たべꞌる、たずねꞌる」と比べて、アクセントの位置が1つ前にずれています。

　ここで「たべꞌる」と「たꞌべた」に限定して、どちらが基

本か考えてみましょう。現在形の方が辞書に載っているもの
だから、こちらが基本である、という考えもあるでしょう
が、これに対するはっきりした証拠はあるでしょうか。現在
形と過去形の差は、接尾辞の「る」と「た」の差から来るの
で、動詞のアクセントの本質を探るためには、接尾辞のない
形を見ることが必要です。そしてこの理想の形は、以下の文
で出てきます。

（15）a.　ご飯をたｘべ、お茶をのむ。
　　　　b.　わからない箇所をたずｘね、教えてもらう。

このような用法を連用中止と言います。中断している前の動
詞の形が連用形だからです。（15）では「たｘべ」、「たずｘね」
は接尾辞のつかない語根ですが、最後から2番目の拍にア
クセントが来ています。このことから、やはり動詞のアクセ
ントは、最後から2番目の拍に来ると考えてよいでしょう。
　このように考えると、過去形のアクセントは基本パターン
から逸脱していることになります。この逸脱をどう分析する
かですが、アクセントの場所を探す作業において、接尾辞の
「た」は見えないと仮定されます。この仮説の下では、「お
よｘいだ、はしｘった」は「た」のない「およｘい、はしｘっ」
の中で、アクセントが最後から2番目の拍に来ると分析さ
れます。「みｘた」に関しては、「た」を除くと1拍になり、
「最後から2番目」ということがそもそも不可能になるの
で、あたかも「た」が見えたまま、最後から2番目の拍に
アクセントが来ます。

「み˙た」を除いて、（14）で現在形とアクセントの位置が変わらないのは、「およ˙いだ、はし˙った」です。これらはそれぞれ「よ」、「し」の拍にアクセントがありますが、現在形の「およ˙ぐ、はし˙る」でも同様です。アクセントの位置が変わらないのには理由があります。これらは1章で見たように子音動詞で、語根が子音で終わります。最後の子音に過去の接尾辞の -ta がつくと、必然的に子音の連続が起こります。これを回避するために、様々な音の変化が起こるのは3章で見た通りですが、この際に拍の数が1つ増えます。「およ˙ぐ、はし˙る」は3拍、「およ˙いだ、はし˙った」は4拍です。先ほど過去形では「た」は見えないものとして、最後から2番目の拍にアクセントが来る、と言いました。これは言い換えれば、「た」まで入れたら、過去形では最後から3番目の拍にアクセントが来るということです。現在形では最後から2番目の拍にアクセントが来るので、結局子音動詞では、現在形と過去形で（前から数えると）同じ位置にアクセントが来るわけです。

　まとめると、日本語では名詞では最後から3番目の拍にアクセントがあるのが基本なのに対し、動詞では最後から2番目の拍にアクセントがあるのが基本です。この差は、以下の連用形のアクセントの差にも出てきます。

（16）a. 昨日は騒ぎ（さわ˙ぎ）、今日は静かにする。

　　　b. 家族から離れ（はな˙れ）、一人で暮らす。

　　　c. 罪を裁き（さば˙き）、判決を下す。

（17）a. この騒ぎ（さˈわぎ）は何だ。

　　　b. 空いた土地に離れ（はˈなれ）を建てる。

　　　c. この裁き（さˈばき）は受け入れられない。

　連用形は連用中止では動詞ですが、名詞として使われることもあり、（16）の動詞は最後から2番目の拍にアクセント、（17）の名詞は最後から3番目の拍にアクセントがあります。

　前置きが長くなりましたが、日本語の名詞と動詞につく、ずうずうしい隣人とつつましい隣人を具体的に見ていきます。ここで言う隣人とは、語根につく助詞あるいは接尾辞のことです。これらは共に独り立ちはできず、常に語根についているので、まとめて**拘束形**と呼びます。「ずうずうしい」と「つつましい」の比喩は、拘束形が語根のアクセントをどの程度保つか、ということを基準にします。具体的には拘束形は、そのアクセントのパターンで「無アクセント」、「相手尊重型」、「乗っ取り型」の3つのタイプに分類されます。

　まず無アクセントです。

（18）無アクセントの拘束形

　　　a. さかなが　　　b. いˈのちが

　　　c. あそびたい　　d. たべたˈい

（18a, b）は名詞、（18c, d）は動詞につく拘束形ですが、それぞれ無アクセントの「さかな」とアクセントを持つ「いˈのち」、無アクセントの「あそぶ」とアクセントを持つ「た

べ'る」を使っています。3章で見ましたが、「が」のような格助詞は無アクセントで、それ自体はアクセントを持ちません。(18b)にアクセントがあるのは、「い'のち」自体にアクセントがあるからです。「が」は名詞についても名詞本来のアクセントには影響を与えず、（18a, b)のように名詞単独の時と同じアクセントを示します。動詞につく接尾辞では、「たい」が無アクセントです。これが無アクセントの「あそぶ」につくと、「あそびたい」と無アクセントのままです。（ただし若い話者の間では、「あそびた'い」とアクセントがある人が多いようです。）一方アクセントを持つ「たべ'る」につくと、「たべた'い」となります。ここでは「たい」にアクセントがついているように見えますが、このアクセントは「たべ'る」のアクセントが移動しただけです。上で動詞は最後から2番目の拍にアクセントが来ることを見ましたが、「たべたい」全体でこの拍を探すと、たまたま「た'い」にアクセントが来る、ということです。この点で、アクセントの移動がない名詞の(18a, b)とは異なります。

　アクセントを持つ動詞に、無アクセントの接尾辞が複数つくと、長さに関係なく、最後から2番目の拍にアクセントが来ます。

(19) a. たべさせ'る

　　　 b. たべさせられ'る

　　　 c. たべさせられた'い

使役の「させ（る）」、受け身の「られ（る）」も、願望の

「たい」と同様に無アクセントですが、「たべ'る」にこの順
序でつくと、その度にアクセントの位置が移動し、毎回忠実
に「最後から 2 番目の拍にアクセント」という決まりを守
っています。
　拘束形のアクセント型の 2 つ目は「相手尊重型」で、以
下で示されます。

(20) 相手尊重型アクセントの拘束形
　　　 a.　さかなま'で　　　 b.　い'のちまで
　　　 c.　あそんだ'ら　　　 d.　た'べたら

名詞につくものとして「まで」、動詞につくものとして「た
ら」で例示しましたが、これらは固有にアクセントを持ち、
無アクセントの「さかな」や「あそぶ」につくと、「さかな
ま'で」、「あそんだ'ら」のようにアクセントを示します。一
方アクセントを持つ語につくと、「い'のちまで」、「た'べた
ら」のように、相手のアクセントを尊重し、自らはアクセン
トを持ちません。なお(20d)では「たら」全体が最後から
2 番目の拍を探す際に見えなくなっていて、「たべ (たら)」
のようになります。事実上「たべ」の中で最後から 2 番目
の拍を探すことになるので、アクセントは「た'べたら」と
なります。
　最後のタイプは「乗っ取り型」で、以下で示されます。

(21) 乗っ取り型アクセントの拘束形
　　　 a.　さかなぐ'らい　　　 b.　いのちぐ'らい

c.　あそびま'す　　　　d.　たべま'す

名詞につくものとして「ぐ'らい」、動詞につくものとして「ま'す」で例示しましたが、これらは固有にアクセントを持ち、無アクセントの名詞や動詞につく際にアクセントを示す、という点に関しては、先に見た相手尊重型と変わりません。(21a, c)と(20a, c)を比較してください。違いが出るのはアクセントを持つ語についた時で、このタイプは相手のアクセントを尊重せず、乗っ取ってしまいます。「いのちぐ'らい」と「たべま'す」では、元々の名詞や動詞のアクセントが消え、後続の「ぐ'らい」と「ま'す」のアクセントが残っています。

　上の３つのタイプは、擬人的につつましいか、ずうずうしいかの差として考えられます。「無アクセント」のタイプはそもそも主張するものがありません。「相手尊重型」は主張するものがありますが、語根も意見を持っていたら、それを尊重するタイプです。それに対し「乗っ取り型」は、相手が何を思っていようがお構いなく、自分の考えを押し付けます。

　次に英語における、ずうずうしい隣人とつつましい隣人を見ます。英語ではこの隣人は、接尾辞と接頭辞が相当します。例えば employ（雇う）という動詞を基にして、人を表す名詞を作ってみましょう。employer（雇用者）と employee（従業員）の２つがあります。つまり cr をつけて「~する人」、-ee をつけて「～される人」という意味になるのですが、この２つの接尾辞は、アクセントで違いがあります。

emplóyer は基の emplóy と同じアクセントですが、employée ではアクセントの場所が変わっています。つまり語根のアクセントを無視する点で、-ee はずうずうしい隣人と言えます。

　接尾辞に 2 種類あることを見ましたが、接頭辞でも同様です。able, active という形容詞から、逆の意味を持つ形容詞を作ります。すると unable, inactive となり、un-, in- という 2 つの異なる接頭辞を使うことがわかります。これらを使って、reasonable と regular という、r で始まっている 2 つの形容詞の反対の意味の語を考えましょう。使う接頭辞は決まっていて、それぞれ unreasonable, irregular となります。reasonable には un- がついていますが、regular には ir- がついています。この ir- は何でしょう。これは in- が変化したものです。reasonable の最初の音の r につられて、in- が ir- に変化したのです。3 章の日本語の過去形でも出ましたが、この変化を同化と言います。ここでは「ずうずうしい」という比喩はあてはまらず、むしろ語根に合わせる点でつつましいのですが、いずれにしろ音が変わらない un- と、音が変わる in- の 2 種類があるのです。

　以上、アクセントの場所の変化と同化の点で、英語の接辞（接頭辞と接尾辞を合わせたもの）には 2 種類あることがわかります。そしてアクセントの場所の変化と同化を引き起こすものを I 類、逆にこれらの変化を引き起こさないものを II 類と呼びます。以下でもう少し例を見てみましょう。

（22）I 類が起こすアクセントの場所の変化

éngine → enginéer   Japán → Japanése

explóre → explorátion   héro → heróic

pérson → persónify   ádjective → adjectíval

Dárwin → Darwínian   ínstinct → instínctive

respónsible → responsibílity

cóurage → courágeous

　矢印の左側が語根、そして矢印の右側が接尾辞のついた派
生語です。ここでは様々な接尾辞がついていますが、みなア
クセントの場所が後の方にずれています。Ⅱ類の例は以下で
す。

（23）Ⅱ類が保つアクセントの場所

cóver → cóverage   refúse → refúsal

machíne → machínery   quárrel → quárrelsome

spóon → spóonful   bróther → brótherhood

arránge → arrángement

díctator → díctatorship

mércy → mérciless

státesman → státesmanlike

ここでは派生の前と後で、アクセントの位置が同じです。
　同化ではⅠ類の接頭辞は以下の変化を起こします。

（24）in + legal → illegal　　in + rational → irrational

in + possible → impossible

en + power → empower

legal や rational に in がつくと、語根の最初の音に完全に同化して、illegal, irrational になります。possible に in がつくと、部分的な同化を起こし、n の部分が m に変わって impossible になります。in の他に en も同様で、power につくと empower になります。一方以下では in や en が音の変化を起こしていません。

(25) inexact, insane, endanger

inexact では、語根が母音で始まっているので、in はそのままです。sane の前でも変わりませんが、これは n と s が、発音する時に歯と舌と使うので、もともと共通点があり、更に同化する必要がないからです。danger の前でも同様で、d はやはり歯と舌と使って発音します。

　一方で un はどんな語根についても音は変わりません。unreasonable は既に見ましたが、lawful に un がつくと、unlawful です。同じ「違法」の意味で、同化を起こす illegal とは異なります。また balance という単語につく接頭辞も興味深いです。反対の「不均衡」の意味を持つ単語を作るには、Ⅰ類の in もⅡ類の un も使えます。in では部分的に同化が起こり、imbalance となりますが、un がつくと unbalance となって、音は un のままです。

⚘ 4　動詞由来複合語

　複合語については、2 章で概要を説明して、4 章では複合動詞を見ました。本節では、動詞を基にしてできた複合語について、英語と日本語を比較します。まず英語からですが、次のような決まりがあります。

（26）英語で動詞を元に複合語を作る時、左側に来るのは、
　　　文にした時に動詞のすぐ右側に来る語である。

（26）は**第一姉妹の原理**と呼ばれ、厳密には樹形図を書いて説明する必要がありますが、本書の目的としてはこれで十分です。例えば The farmer grows the crop.（農夫が作物を育てる）という文があります。動詞のすぐ右側にある語はcrop ですので、複合語は crop-growing となります。これは「作物を育てる（こと）」という意味を持ち、例えば crop-growing farmer（作物を育てる農夫）という様に、名詞を修飾します。これを逆にして、* farmer-growing crop（農夫が育てる作物）は作れません。その理由は、The farmer grows the crop. の文の中で、farmer は動詞の左側にあり、（26）の条件に合っていないからです。

　自動詞と副詞の組み合わせも可能です。

（27）a.　The price is falling fast.
　　　　　（価格が急速に下がっている。）
　　　b.　fast-falling price
　　　　　（急速に下がる価格）

（27a）の文で、fast は fall のすぐ右側にあるので、fast-falling は可能です。しかし他動詞と副詞の組み合わせは事情が異なります。* fast-growing farmer は「栽培を早くする農夫」の意味では言えません。この理由は文にするとわかります。「栽培する」の意味では grow は他動詞なので、目的語が必要です。文にすれば、以下のようになります。

（28）The farmer grows the crop fast.
　　　（農夫は作物を早く育てる。）

ここで fast は grow の右側ですが、すぐ右側ではありません。よって（26）の条件に合わず、* fast-growing は他動詞としては言えません。可能な複合語は、上で見たように目的語が複合語の左に来る、crop-growing です。
　しかし fast-growing は自動詞としては可能です。以下の文を考えます。

（29）The crop grows fast.（その作物は早く成長する。）

grow は自動詞として、「成長する」の意味があります。（29）では fast は grow のすぐ右です。したがって、これを基にした fast-growing crop（成長が早い作物）は可能なのです。
　ここまでは ing をつけた現在分詞を使った複合語を見てきました。では過去分詞は複合語で使えるでしょうか。これも数は多く、例えば well-written（よく書かれた）という

言い方があります。これについて、文を基に考えましょう。

(30) a. The book is written well.
　　　　（その本はよく書かれている。）
　　　b. a well-written book
　　　　（よく書かれた本）

(30a)で、well は written のすぐ右側なので、well-written は可能です。先に crop-growing のように、現在分詞では他動詞は目的語と結びつくことを見ました。しかし過去分詞は目的語と結びつくことはなく、* book-written は言えません。これは(30a)で、book は written のすぐ右にないからです。

　過去分詞を使った受け身では、動詞のすぐ右には「～によって」や「～を使って」という意味の修飾語が来ることもあります。

(31) a. The girl was reared by wolves.
　　　　（その少女は狼に育てられた。）
　　　b. The product was made by hand.
　　　　（その製品は手で作られた。）

これらの文を基に、(26)の規則にしたがって、以下の様な複合語が作られます。

(32) a. the wolf-reared girl

　　　（狼に育てられた少女）
　b.　the handmade product
　　　（手で作られた（手作りの）製品）

また日本語にもなっている homemade（ホームメイド、家
でつくった）の複合語も、（31b)と同様に made at home
という文を基に作られた複合語です。そして使用頻度が高い
と、handmade や homemade のようにハイフンなしでつ
なげられます。

　次に日本語の動詞由来複合語を見ます。例えば「洗う」と
いう動詞を基にして、「皿洗い」や「丸洗い」のような複合
語が作れます。「皿洗い」では、左側の「皿」は目的語で
す。一方「丸洗い」では、左側の「丸」は「まるごと」の意
味ですので、目的語ではなく、修飾語です。

　この時点で、日本語と英語で大きな違いがあります。上で
見たように、英語の動詞由来複合語では、他動詞は基本的に
目的語と結びつき、修飾語とは結びつきません。crop-
growing farmer（作物を育てる農夫）と＊fast-growing
farmer（栽培を早くする農夫）の差を思い出してください。
well-written（よく書かれた）では修飾語が動詞と結びつ
きますが、過去分詞を使っていて、受け身の意味です。一方
日本語では、「皿洗い」は英語と同じで、目的語が結びつい
ていますが、「丸洗い」は副詞が結びついていて、かつ受け
身の意味もありません。

　では日本語の動詞由来複合語では、何の規則もないのかと
いうと、そうではありません。「放し飼い（はなしがい）」

と「羊飼い（ひつじかい）」を比べてみましょう。「放し飼い」では修飾語、「羊飼い」では目的語が左側についています。まず連濁ですが、「放し飼い」では連濁が起きているのに対し、「羊飼い」では起きていません。次にアクセントですが、「放し飼い」は無アクセントなのに対し、「羊飼い」は「じ」の拍にアクセントがあります。先ほどの「皿洗い」と「丸洗い」では、母音で始まる動詞なので連濁は起きませんが、アクセントに関してはやはり、修飾語を含む「丸洗い」は無アクセントで、目的語を含む「皿洗い」はアクセントがあります。

　日本語の動詞由来複合語では、以下のような規則が考えられます。

（33）日本語の動詞由来複合語の規則
　　　a. 目的語を含む時は、連濁は起こさない。
　　　b. 修飾語を含む時は、連濁可能な子音が2番目の語の最初に来た場合には、連濁が起こり、無アクセントになる。

具体的な例を挙げます。

（34）目的語の複合語 / 修飾語の複合語
　　　汗拭き、窓拭き（ふき）/ から拭き、モップ拭き（ぶき）
　　　布団干し、物干し（ほし）/ 陰干し（ぼし）
　　　手紙書き、小説書き（かき）/ 手書き、走り書き（がき）
　　　パン切り、缶切り（きり）/ 厚切り、四つ切り（ぎり）

虫取り、点取り（とり）／ 横取り、生け捕り（どり）
牛飼い、羊飼い（かい）／ 放し飼い（がい）
ズボン吊り、首吊り（つり）／ 逆さ吊り、宙吊り（づり）
ハエ叩き、肩叩き（たたき）／ 袋叩き（だたき）

ここでは「/」の左側が目的語の複合語で、右側が修飾語の複合語です。たとえば「窓拭き」は「窓を拭く」という目的語を含む文と関係していて、「から拭き」は「からの布で拭く」という修飾語を含む文と関係しています。（34）の全ての例で、連濁可能な子音が 2 番目の語の最初に来ています。連濁に注目すると、目的語の複合語は全て連濁を起こしておらず、修飾語の複合語は全て連濁を起こしています。

　次にアクセントに注目します。（34）の目的語の複合語では、アクセントはあったりなかったりしていて、規則は見いだせません。したがって、（33a）では、アクセントのことは書いてありません。一方修飾語の複合語を見ると、最後の「袋叩き」を除いて全て無アクセントです。「袋叩き」が例外的なのは、他は動詞の部分が 2 拍なのに対し、「叩き」の部分は 3 拍だということが関係しているのでしょう。（拍数の関係については後で戻ります。）

　（34）で多くの例を挙げたので、（33）の規則は連濁に関しては例外がないかと思われるかもしれません。しかし常に例外があるのが連濁の厄介でかつ面白いところです。特に目的語の複合語では、（33a）によれば連濁は起きないはずなのに、連濁を起こしている例が多くあります。こうした例外は 4 つの種類に分かれるのですが、以下でそれを見ていき

ます。

　最初の例外は、動詞の部分が3拍の複合語です。先ほどアクセントの点で、この特徴を持つ複合語は例外的だということを見ましたが、連濁についても同様です。具体的には、「野菜作り」や「人助け」では、左側は目的語ですが、連濁が起きています。これは、動詞の「づくり、だすけ」の部分が3拍だからです。

　第2の種類の例外は、意味的に複合語が人やものを表すか、比喩的に使われている時です。「人殺し」は人間を指し、「痛み止め」は薬（手段）を指し、「梅干し」は梅を干した結果できたものを指します。左側が目的語ですが、連濁を起こしています。これらは意味的に、行為を表す「窓拭き」とは異なります。もっとも、ものを表すと全て連濁を起こす訳ではなく、（34）では「羊飼い」は人間で、「ハエ叩き」は道具ですが、連濁は起こしません。比喩的な意味を持つのは、「命拾い」や「甲羅干し（こうらぼし）」です。文字通り命を拾ったわけではなく、また人間に甲羅があるわけでもないので、これらの複合語は比喩的に使われていると言えます。

　第3の種類の例外は、元々複合語の動詞がある場合です。例えば「名付け」は左側が目的語ですが、連濁を起こしています。これは「名付ける」という動詞からできています。この元々の動詞で連濁が起こっているので、「名付け」でも連濁が起こるのです。「旅立ち」も同様で、「旅立つ」という動詞が元で、そこで連濁が起こっているので、「旅立ち」でも連濁があるのです。なお、「名付ける」や「旅立つ」のよ

うに、目的語と動詞の語根が複合語となり、動詞として使えるのは、不思議なことに数が限られています。本節で見た複合語のほとんどは動詞の用法は持ちません。たとえば「立ち読み、羊飼い」は言えても、「*立ち読む、*羊飼う」は言えないのです。

　第４の種類の例外は、上の３つのどれにもあてはまらない、真の例外です。これには「くじ引き」、「いいとこ取り」、「雇い止め」、「ぞうきんがけ」などがあります。右側が３拍という訳でもなく、人やものを表す訳でもなく、元となる動詞があるわけでもないのですが、これらでは左側が目的語であるにも関わらず、連濁が起こります。３章で連濁の説明をした時に、「ひらがな」対「カタカナ」、「ヒグマ」対「シロクマ」の様に、連濁は説明不可能なことがある、と言いました。これらの例外には、理由はないのかもしれませんが、それでも今後も研究は続いていきます。

♈ ５　こそあど言葉

　日本語の代名詞の「これ、それ、あれ、どれ」などは、「こそあど言葉」と呼ばれています。本節ではこそあど言葉と、他の言語でそれに対応するものを見ていきます。

　こそあど言葉という言い方から明らかなように、「これ、それ、あれ、どれ」は「こーれ、そーれ、あーれ、どーれ」と分割できます。同様に「ここ、そこ、あそこ、どこ」は「こーこ、そーこ、あそーこ、どーこ」となります。そして分けた左側と右側は、それぞれ意味があります。左の「こ」は話者の近くにあるという意味です。そして右の「れ」は

191

「もの」という意味です。よって「これ」は話者の近くにあるものを意味します。「そ」は聞き手の近くにあるという意味で、「あ」は話者からも聞き手からも遠くにあるという意味です。よって「それ取って」は相手の近くにあるものを取ってほしい時に使い、「あれ取って」は話者からも聞き手からも遠くにあるものを取ってほしい時に使います。「ど」は特定できないものについて、疑問文、あるいは譲歩文の中で使います。例えば「どれがいいですか」や「どれでもいい」などです。

　「ここ、そこ、あそこ、どこ」の、右側の「こ」は場所を表します。よって「ここ」は話者の近くの場所、「そこ」は聞き手の近くの場所です。「あそこ」はなぜか「あ」と「そ」が両方でますが、聞き手からも遠くにある場所です。「どこ」は特定できない場所です。

　右側については、ものを意味する「れ」と場所を意味する「こ」の他にも、いくつかあります。話者の近くの「こ」に限定して例を挙げると、「こちら、こっち、この、こんな」です。右側の意味は1つ1つ説明しませんが、いずれも「そ、あ、ど」に対応する言い方があります。

　もう1つ、注目に値する表現があります。「こう（しましょう）、そう、ああ、どう」です。右側の部分は「ああ」だけ「あ」で、他は「う」です。これは右が「あ」と「う」の2種類ある、ということではなく、母音を長く発音しているだけです。ローマ字で書くとわかるのですが、ko-o, so-o, a-a, do-o となり、こそあどの母音の部分が伸ばされて右側についています。接尾辞は通常決まった音があるの、このよ

うに母音を長くすることで、新しい意味を加えるのは、日本
語では珍しいことです。思いつくのは「おばさん、おじさ
ん」と「おばあさん、おじいさん」の対比くらいです。ここ
でも、後者は母音が長くなっています。これにより年齢が高
いことを意味しているようですが、これはひょっとして、話
しことばで「すごく」を「すっごく」と言うことに通じるの
かもしれません。ここでも、suggoku と g の子音を長くす
ることで、強調の効果があります。

　英語のこそあど言葉に相当する、this/that/what は分
析が難しいので、以下では日本語と比較して面白い言語のこ
そあど言葉を紹介します。まずはインドで話されるタミール
語です。

（35）タミール語

	近く	遠く	疑問
もの	i-nta	a-nta	e-nta
場所	i-ngke	a-ngke	e-ngke
時間	i-ppa	a-ppa	e-ppa
量	i-ttane	a-ttane	e-ttane
方法	i-ppati	a-ppati	e-ppati

わかりやすくするため、この表では語を2つに分けて書き
ましたが、これは日本語とかなり近いものです。縦に列を見
ると、i- が近く、a- が遠く、e- が疑問、ということがわか
ります。これは日本語の「こ」、「あ」、ど」に相当します。
特に a- が「あ」に対応するのは興味深いですが、偶然でし

ょう。(ちなみに日本語とタミール語が歴史的につながっているという説がありますが、言語学では受け入れられていません。)そして横の行を見ると、-nta がもの、-ngke が場所、ということがわかります。日本語で言えば、-nta が「これ」の「れ」に相当して、-ngke が「どこ」の「こ」に相当します。縦横の２つをまとめると、i-nta は日本語の「こーれ」と同じで、e-ngke は「どーこ」と同じ、というわけです。

　次はミクロネシアのポンペイ語(ポナペ語)です。

(36)　　ポンペイ語

	近く	中間	遠く
もの・場所	m-et	m-en	mw-o
時間	m-et		
方向	i-et	i-en	i-o
名詞の後	-et	-en	-o

これらは単数の名詞に関係する代名詞で、空欄は該当する語がないことを表しますが、ここの体系はタミール語とは少し違います。縦に列を見ると、-et が近く、-en が中間、-o が遠く、ということがわかります。つまり、日本語やタミール語と逆で、距離を表す部分が右側に来ています。「名詞の後」というのは、名詞を修飾する時の形ですが、この時も、日本語なら「この木」というように名詞の前につくのですが、ポンペイ語では名詞の後につきます。内容の方は、m(w)- がもの・場所・時間を表し、i- が方向を表します。

　なぜタミール語とポンペイ語は順序が逆なのでしょうか。単なる偶然で、理由はない可能性もありますが、ここでは文の中の語順と関係があると仮定します。2 章と 4 章 4 節で、右側主要部の規則の話をしました。いくつかの要素が集まった時、それを代表するものは右側にある、という規則ですが、これは語の中の決まりでした。一方、文の中でも主要部はあります。そして、大多数の言語で語の中では主要部が右側に来るのに対し、文の中では主要部が来る位置は、言語により右になったり左になったりします。日本語と英語で比べます。

（37）a.　太郎がりんごを<u>食べた</u>。
　　　 b.　Taro <u>ate</u> an apple.

文の中の主要部は動詞です。日本語は動詞が最後に来るのに対し、英語では真ん中に来ます。動詞と目的語の相対位置で見れば、日本語は主要部が右に来るのに対し、英語では主要部は左に来ます。語と文（そして音）は、関連していますが、それぞれ独自の決まりを持った独立国家のようなものです。主要部を持つ点で、語と文は共通しているのですが、語では主要部は右側に来るのが原則なのに対し、文では主要部が右か左かは各言語が決めるというわけです。
　さて、「これ」は 1 つの語ですが、よく考えると複数の語が集まったものと同等だと考えることもできます。「これ」の「れ」はものを指します。すると、「これ」は「このもの」と同等だと言えます。2 節で、語のまとまりのことを

「句」と呼びましたが、文も「このもの」も「これ」も、句として同じ決まりに従います。複数の語が集まった時は、語の規則ではなく、別の句の規則が適用されるのです。つまり、「これ」の「れ」や「このもの」の「もの」が右に来るということと、（37a）のように日本語の文で動詞が目的語の右に来るということは、同じ理由によるのです。

　文の中の主要部の位置から比較すると、日本語とタミール語は動詞が最後に来るという点で似ています。以下がタミール語の他動詞の文です。

（38）avaN　　neRRu　　avalaip　　parttaN
　　　彼が　　昨日　　　彼女に　　　会った

ここでは全ての語が、日本語と同じ順序で出てきますが、重要なことは、動詞が目的語より後に来ることです。一方ポンペイ語では、動詞は目的語の前にきます。

（39）Soulik　　kilang　　kasdohn　　palapal
　　　人名　　　見る　　　映画　　　チャンバラ
　　　「ソウリックはチャンバラ映画を見た。」

（39）の順序は英語のような SVO ですね。（余談ですが、ミクロネシアのポンペイ島はかつて日本が統治していて、ポンペイ語には多くの日本語が入っています。（39）で「映画」を意味する kasdohn は、昭和初期の日本語の「活動」（これは「活動写真」の略です）に由来すると思われます。

palapal も「チャンバラ」に由来するのかもしれません。）

　つまりタミール語とポンペイ語では、文の主要部の位置が逆なのです。そしてこの差が、両言語のこそあど言葉での差を生みます。(38)で文では日本語とタミール語は主要部の位置が同じことを見ましたが、こそあど言葉でも同様です。「これ」に相当する i-nta で、ものを意味する -nta が右側にきています。それに対しポンペイ語では、「これ」に相当する m-et で、ものを意味する m- が左側にきますが、これは「複数の語が集まったら、主要部は左」というポンペイ語の句の規則に従った結果です。まとめると、タミール語とポンペイ語のこそあど言葉で順序が逆なのは、動詞と目的語の位置が両言語で逆だ、ということに起因するのです。

　以上仮説を用いて、2つの関係なさそうな現象（動詞の位置とこそあど言葉の中の構成順序）が関連していることの説明を試みました。これはまだ本格的な証明にはなっておらず、もっと多くの言語での検証が必要です。本書は研究書ではないので、ここで止めておきますが、言語学における事実の説明というものの一端が、おわかりいただけたかと思います。言語は人間だけが話すものです。多くの言語の共通する人間言語の特徴を調べることにより、人間そのものがわかってきます。これが言語学の醍醐味です。本書を通じて、言語学の魅力の一端に触れていただくことができたなら、これほど嬉しいことはありません。

引用文献、参照した文献、おすすめの文献

　この文献案内は、言語学及び日本語学全般、語彙の研究全般、各章の文献と分かれています。言語学が学べるところとしては、言語学が専門の教員がいる大学に加えて、東京言語研究所や日本言語学会が市民講座を開いています。各機関のホームページを参照してください。

♔ 言語学及び日本語学全般

① 『はじめて学ぶ言語学』 大津由紀雄編著　ミネルヴァ書房　2009 年
言語学の各分野の解説がある入門書です。本書の 2 章でこの文献の 2 章から引用しました。

② 『よくわかる言語学』 窪薗晴夫編著　ミネルヴァ書房　2019 年
言語学の広いトピックを扱った、最新の入門書です。

③ 『日本語の教科書』 畠山雄二編著　べレ出版　2009 年
くだけた雰囲気で日本語の文、意味、音、語、会話を解説した入門書です。本書の 1 章、3 章、4 章で、この文献の 4 章（拙稿）から引用しました。本書で触れなかった形容詞の活用の分析を含みます。

④ *An Introduction to Japanese Linguistics*　Natsuko Tsujimura 著　Blackwell　2007 年（2 版）、2014 年（3 版）

英語で書かれた、日本語言語学の入門書です。本書の 3 章〜5 章でこの文献から引用しました。過去形の話は、2 版にありますが 3 版ではなくなっています。

⑤ *The Oxford Handbook of Japanese Linguistics*　Shigeru Miyagawa・Mamoru Saito 編　Oxford University Press　2008 年

英語で書かれた、日本語言語学の概説書です。本書の 3 章でこの文献の 7 章から、本書の 4 章でこの文献の 12 章（拙稿）から引用しました。

☘ 語彙の研究全般

⑥ 『単語の構造の秘密』　竝木崇康著　開拓社　2009 年

英語と日本語の語彙の共通点と相違点を、幅広い現象を通じて解説する入門書です。本書の 2 章でこの文献から引用しました。

⑦ 『レキシコンに潜む文法とダイナミズム』　由本陽子著　開拓社　2011 年

日英語の語彙についての入門書で、本書と同じく、語彙はリストでなくダイナミックであるという視点で書かれています。本書では扱わなかった、複合動詞の意味の分析を含みます。

⑧　『形態論』　漆原朗子編著　朝倉書店　2016 年
語彙の研究である形態論の入門書です。

⑨　『形態論とレキシコン』　西山國雄・長野明子著　開拓
　　社　2020 年
形態論の概説書です。本書の各章で、この拙著から引用しま
した。本書で触れなかった形容詞の活用の分析を含みます。

⑩　『語の仕組みと語形成』　伊藤たかね・杉岡洋子著　研
　　究社　2002 年
日英語の語彙についての研究書で、本書の 2 章と 5 章でこ
の文献から引用しました。

⑪　『文法と語形成』　影山太郎著　ひつじ書房　1993 年
日本語の形態論の問題を広範囲に渡って分析した研究書で
す。複合動詞の先駆的研究を含み、本書の 4 章と 5 章でこ
の文献から引用しました。

⑫　『形態論』　大石強著　開拓社　1988 年
英語の形態論の概説書です。本書の 5 章でこの文献から引
用しました。

⑬　*An Introduction to English Morphology*　Andrew
　　Carstairs-McCarthy 著　Edinburgh University
　　Press　2002 年
英語で書かれた、英語の形態論の入門書です。本書の 5 章

でこの文献から引用しました。

⑭ *Handbook of Japanese Lexicon and Word Formation*
    Taro Kageyama・Hideki Kishimoto 編著　De Gruyter
    Mouton　2016 年
英語で書かれた、広範囲な日本語の語彙についての概説書です。本書と特に関係が深いのは、6 章の主要部、8 章の複合動詞、9 章の動詞由来複合語、10 章の接頭辞と接尾辞です。

⑮ 『形態論と言語学諸分野とのインターフェイス』　西原
    哲雄編著　開拓社　2021 年
形態論と他の分野との接点を扱った概説書で、本書の 3 章と 5 章で、この文献の 5 章（拙稿）から引用しました。

❦ 1 章　語彙の小さな変化：屈折
⑯ 『活用論の前線』　三原健一・仁田義雄編著　くろしお
    出版　2012 年
活用の研究の論文集で、本書の 1 章の他に 2 章でも、この文献の中の拙稿から引用しました。

この章では他に③，⑨から引用しました。

❦ 2 章　派生、複合、意味変化
⑰ *The Oxford Handbook of Compounding*　Rochelle
    Lieber・Pavol Štekauer 編著　Oxford University

Press　2009 年
英語で書かれた、複合語についての包括的な概説書で、この
文献の 28 章（日本語について）から引用しました。

⑱　『意味の世界』　池上嘉彦　日本放送出版協会　1978 年
意味についての入門書で、意味変化について引用しました。

この章では他に⑥，⑨，⑩，⑯から引用しました。

♆ 3 章　語彙と音の交流
⑲　『日本語の音声』　窪薗晴夫著　岩波書店　1999 年
日本語の音の仕組みについての入門書です。

⑳　『アクセントの法則』　窪薗晴夫著　岩波書店　2006 年
日本語のアクセントについての入門書です。

この章では他に③，④，⑤，⑨，⑮から引用しました。

♆ 4 章　語彙と文の交流
㉑　*Analyzing Japanese Syntax*　Hideki Kishimoto
　　著　ひつじ書房　2020 年
英語で書かれた、日本語の文の分析についての入門書です。

㉒　*Transitivity and Valency Alternations*　Taro
　　Kageyama・Wesley M. Jacobsen 編著　De Gruyter
　　Mouton　2016 年

英語で書かれた、自動詞と他動詞の交替についての概説書です。この文献の9章から引用しました。

この章では他に③, ④, ⑤, ⑨から引用しました。

♟ 5章　日本語と他言語（英語）の比較

㉓　"Decomposing Demonstratives and Wh-Words"
Kunio Nishiyama　*JELS* 30　159-165　日本英語学会　2013年

5節のこそあどの話は、この拙稿から引用しました。

この章では他に④, ⑨, ⑩, ⑫, ⑬, ⑮から引用しました。

筆者紹介

西山 國雄

コーネル大学大学院博士課程修了。茨城大学人文社会科学部教授。専門は形態論、統語論、オーストロネシア言語。共編著書に *A Grammar of Lamaholot, Eastern Indonesia* (Lincom, 2007)、*Topics in Theoretical Asian Linguistics* (John Benjamins, 2018)、『形態論とレキシコン』(開拓社、2020) など。論文を *Journal of East Asian Linguistics*、*Journal of Linguistics*、*Lingua*、*Morphology* などで発表。趣味は剣道とチェス。

じっとしていない語彙

2021 年 10 月 30 日　第 1 刷発行

著　者———西山國雄

発行者———(株)　教養検定会議　さんどゆみこ
　　　　　　東京都世田谷区松原 5-42-3
　　　　　　https://la-kentei.com/

学内協力 (神戸大学)

編集補助——平沼優奈・谷岡萌香

印刷・製本——シナノ書籍印刷株式会社　　装丁——植木祥子